Aimer

jusqu'où ?

Dans la même collection

Mireille Prévost, Roland Lacroix,
Qu'est-ce que réussir sa vie ?, 2007

Mireille Prévost, Roland Lacroix,
Pardonner, est-ce possible ?, 2007

Mireille Prévost, Roland Lacroix,
Où va la Terre ?, 2007

Mireille Prévost, Roland Lacroix,
Tout, tout de suite ?, 2007

et les recueils de textes associés

Roland Lacroix, Denis Villepelet
La catéchèse, écho d'une parole de vie, 2008

La collection *Une question à la foi* a été élaborée
sous la responsabilité du Conseil de catéchèse des Éditions de l'Atelier.

**Retrouvez le blog des auteurs
sur http://unequestionalafoi.blogspot.com
pour échanger avec eux sur la mise en pratique
de cette nouvelle démarche catéchétique.**

Les passages de la Bible cités sont extraits de *La Bible de Jérusalem*
(traduction de l'École biblique et archéologique française de Jérusalem,
© Les Éditions du Cerf, 1973).
Chaque fois que nous faisons référence à un texte biblique,
nous conseillons vivement au lecteur de lire ce texte dans son intégralité dans une Bible.

Nihil Obstat :
Paris, le 5 août 2009
Père Michel Dupuy

Imprimatur à usage catéchétique :
Paris, le 5 août 2009
Père Maurice Vidal

Photo de première de couverture : *Love*, © Michas Vanni

Imprimé en France • Printed in France

ISBN : 978-2-7082-4008-7

Une Question à la foi

Aimer jusqu'où ?

Roland Lacroix
Mireille Prévost

LES EDITIONS DE L'ATELIER

Les Éditions ouvrières
51-55 rue Hoche
94200 Ivry-sur-Seine

Sommaire

Introduction

« J'aime le chocolat », « J'aime mes parents », « J'aime la vie », « Je t'aime »... Le verbe « aimer » nous est familier, même si nous ne mettons pas tous nos amours sur le même plan. Ne l'utilise-t-on pas pour dire aussi bien notre goût pour une nourriture que pour exprimer nos sentiments les plus forts envers quelqu'un ? Certains croyants disent même aimer Dieu, une foi souvent difficile à exprimer. La foi elle-même serait-elle une « affaire de goût[1] » ? Quant aux chrétiens, ils disent que Dieu lui-même est amour, donnant ainsi à l'amour une tout autre dimension.

Ce livre invite son lecteur à s'arrêter, à se poser, le temps de sa lecture et, pourquoi pas, d'une rencontre et d'une discussion avec d'autres, sur cette question de l'amour à laquelle personne ne peut rester indifférent. Chacun peut d'ailleurs faire valoir une certaine expérience en la matière ! C'est pourquoi ces pages restent modestes. Elles proposent en fait, comme le titre de la collection *Une question à la foi* le suggère, de parler d'amour dans une perspective chrétienne, posant cette question, vitale s'il en est : *Aimer jusqu'où ?*

La réponse à cette question ne peut être que personnelle. Elle appartient en effet à la singularité de chaque itinéraire de vie. C'est d'abord l'expérience qui parle. Une blessure profonde peut empêcher de croire désormais en l'amour, ou au contraire on « baigne » dans l'amour depuis son enfance. Dans l'un ou l'autre cas, la perception que l'on a de l'amour sera bien différente. Nous ne tenterons donc pas de décrire des critères objectifs et universels de l'amour : « Voilà comment il faut aimer ! »

Qu'est-ce qui fait que par moments notre cœur se mette à battre plus fort et se laisse affecter ? De l'amour, on n'entrevoit finalement que ses effets sur les personnes.

Une chose est sûre : bien que le cœur humain soit depuis longtemps scruté, tant du côté de la biologie, de la médecine, que de celui de la psychologie, bien que l'être humain ait été observé sous toutes les coutures, avec des outils de plus en plus perfectionnés, on n'a peut-être pas encore appris l'essentiel sur cette « fonction » vitale, sur la manière par exemple dont le sentiment amoureux s'élabore, dont on « tombe » amoureux. Qu'est-ce qui fait que par moments notre cœur se mette à battre plus fort et se laisse affecter ? De l'amour, on n'entrevoit finalement que ses effets sur les personnes.

Chaque être humain reste d'ailleurs, et heureusement, irréductible à toute explication définitive, côté cœur. Le verbe « aimer » garde donc son mystère et la question posée : *Aimer jusqu'où ?* n'a pas de réponse immédiate et définitive, l'amour restant avant tout non évaluable. ■

1. Voir Michel Scouarnec, *La foi, une affaire de goût*, Paris, Les Éditions de l'Atelier, 2000.

Aimer, une expérience fondamentale

« Vertige de l'amour », chantait Alain Bashung… En effet, les moments les plus forts de notre vie ne sont-ils pas les heures d'amour partagées en famille, entre amis, entre amants ? Quelle plus belle chose au monde à vivre que l'amour, socle sur lequel on peut s'appuyer, grâce auquel tout le reste semble pouvoir tenir debout ? On a du mal à imaginer une vie sans amour. Comment alors ne pas chanter ses louanges, comme le fait saint Paul, dans ce beau texte appelé l'« Hymne à l'amour » : « Si je n'ai pas l'amour, je ne suis rien » (1 Cor 13, 2) ? L' « Hymne à l'amour », c'est aussi le titre d'une chanson d'Édith Piaf : « Dieu réunit ceux qui s'aiment »… Effectivement, l'amour est la plus belle des aventures à vivre. Jusqu'au vertige… Ceci dit, une vision trop idéale de l'amour ne correspond pas toujours à l'expérience que nous en avons. La vie se charge d'amener quelques nuances. Qui soutiendrait qu'aimer va toujours de soi ? Si l'on n'en reste pas à l'évocation d'un vague sentiment amoureux, aux romans dits « à l'eau de rose » ou à l'exaltation de « bons sentiments », on constate qu'aimer ne se vit pas sans paradoxes ni tension. ■

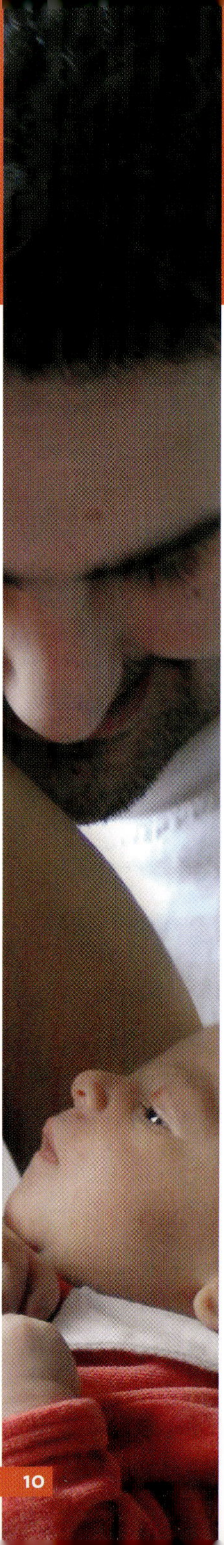

Les paradoxes de L'AMOUR

L'amour, c'est rarement tout ou rien ! Même si l'expression est fameuse, qui s'est jamais contenté de vivre uniquement « d'amour et d'eau fraîche » ? L'amour doit donc toujours être évoqué avec délicatesse, chacun pouvant puiser dans sa propre existence des expériences plus ou moins heureuses. Il est pourtant possible de souligner quelques-uns de ses paradoxes, de tenter de dire ce qui s'engage de notre humanité quand on aime.

Force et fragilité de l'amour

Il suffit de lire romans ou poésies, d'aller au cinéma ou au théâtre, ou encore d'écouter des chansons, pour se rendre compte que l'amour est une formidable manne inspiratrice. Des romans de gare aux couples emblématiques Roméo et Juliette ou Tristan et Iseut, de *Love story* au *Secret de Brokeback Mountain*, des chansons de troubadours à « Quand on n'a que l'amour » de Jacques Brel, l'amour se décline, artistiquement parlant, à l'infini. S'il est évoqué comme une véritable force pour vivre, son extrême fragilité est souvent mise aussi en avant. S'il est la source du plus grand bonheur, il peut également conduire aux plus grandes souffrances. Au cœur de l'amour se joue souvent une tension, une question radicale de vie ou de mort. Certains titres de film illustrent ce paradoxe : *Mourir d'aimer*[2], *L'amour à mort*[3]... Mais aussi nombre d'œuvres littéraires, comme cette pièce d'Alfred de Musset à la fin de laquelle l'un des personnages, Rosette, meurt subitement en apprenant la tromperie de celui qu'elle aimait. Une pièce au titre-proverbe : *On ne badine pas avec l'amour* [4].

De fait, si un coup de foudre peut faire perdre tous les repères, un grand amour peut se révéler décevant et une rupture laisser une blessure longue à cicatriser. Alors qu'on y croyait pour la vie, une passion amoureuse peut se terminer sur un : « On ne me la refera pas… » On s'en remet ou non. On reste plus ou moins longtemps sur la réserve. Paradoxe de l'amour : aimer procure les plus belles sensations, les plus grandes émotions, des joies indicibles mais sa précarité est redoutable. Lorsque l'on parle d'amour, impossible de faire l'impasse sur cette tension. Si l'amour fait rêver et travaille notre imaginaire, le poète nous ramène vite à la réalité : « Il n'y a pas d'amour heureux. » Parole radicale, qui prend à contre-pied toutes nos images idylliques de l'amour.

Paradoxe de l'amour : aimer procure les plus belles sensations, les plus grandes émotions, des joies indicibles mais sa précarité est redoutable.

Il n'y a pas d'amour qui ne soit à douleur
Il n'y a pas d'amour dont on ne soit meurtri
Il n'y a pas d'amour dont on ne soit flétri
Et pas plus que de toi l'amour de la patrie
Il n'y a pas d'amour qui ne vive de pleurs
Il n'y a pas d'amour heureux
Mais c'est notre amour à tous les deux

Louis Aragon, « Il n'y a pas d'amour heureux »,
dans *La Diane Française*, Paris, Seghers, 1946.

2. Film d'André Cayatte, sorti en 1971, DVD Studio GCT.
3. Film d'Alain Resnais, sorti en 1984, DVD Studio MK2.
4. Alfred de Musset, *On ne badine pas avec l'amour*, Paris, Pocket, 2005.

« Quand on aime, on ne compte pas... », dit-on. Expression révélatrice : lorsque l'on aime vraiment, mesure-t-on son amour ? Une mère mesure-t-elle, par exemple, son amour pour ses enfants ?

Est-ce à dire que la route de l'amour et du bonheur d'aimer est forcément une impasse ? Heureusement, non. Mais la force de ce qui se passe côté cœur en induit justement la fragilité. Si « l'amour rend aveugle », comme le dit l'expression populaire, il est surtout fait de concessions nécessaires, de traversées du désert possibles, de pardons indispensables. Les témoignages d'amour durable – « vieux » couples, amis restés fidèles, enfants auprès de leurs parents âgés… – s'avèrent précieux. Ils disent que, comme toute expérience humaine, aimer est sujet à des tensions contradictoires.

Entre attachement et détachement

Aimer jusqu'où ? « Quand on aime, on ne compte pas… », dit-on. Expression révélatrice : lorsque l'on aime vraiment, mesure-t-on son amour ? Une mère mesure-t-elle, par exemple, son amour pour ses enfants ? L'amour maternel est sans doute l'une des formes les plus radicales de l'amour. Il n'est pas sans gestes forts. Ouvrons la Bible sur un épisode de l'histoire du roi Salomon, dont la sagesse est devenue légendaire – on parle de « jugement de Salomon ». Ce texte met en scène deux mères qui s'en remettent à lui : toutes deux ont mis au monde un enfant à trois jours d'intervalle, l'un des enfants est mort accidentellement étouffé par sa mère lors de son sommeil. Elles se disputent l'enfant resté vivant. Le roi Salomon ordonne alors que l'on partage celui-ci en deux pour en donner la moitié à chacune des deux femmes. C'est à celle qui s'écrie : « S'il te plaît, Monseigneur ! Qu'on lui donne l'enfant vivant, qu'on ne le tue pas ! » – tandis que l'autre accepte le sacrifice – que le roi Salomon remet l'enfant (1 R 3, 16-28). Aimer l'autre, c'est le vouloir vivant, coûte que coûte. Mais l'attachement pour celui ou celle que l'on aime va parfois, paradoxalement, jusqu'à l'arrachement.

Un fait divers contemporain illustre aussi jusqu'où peut aller l'amour maternel, s'il est poussé dans ses retranchements : l'histoire de Marie Humbert, qui a pris une ampleur nationale et a défrayé la chronique judiciaire. Elle a dit en effet avoir voulu abréger, à sa demande, les souffrances de son fils Vincent, tétraplégique, aveugle et muet suite à un accident de voiture. En septembre 2003, elle lui a administré une solution de barbituriques. Les médecins ne sont pas allés à l'encontre de ce geste, tout en sachant qu'il serait sujet à controverse. Depuis, Marie Humbert se bat d'ailleurs pour faire adopter une loi sur l'euthanasie qui prenne en compte des cas comme celui de son fils. Il n'est pas question ici de prendre parti sur le geste lui-même. D'ailleurs, personne n'a remis en cause

> Mais y a-t-il des substituts de mère ? Si insatisfaisante qu'elle ait été, elle est unique. Je me dis que le seul être qui ne soit pas substituable, encore moins interchangeable, qui soit peut-être même immortel, c'est la (sinon notre) mère et à ma mère minuscule, j'attribue, je donne une majuscule.
>
> JEAN-BERTRAND PONTALIS, *Fenêtres*, Paris, Gallimard, 2000, p. 148.

l'amour de cette mère pour son fils. Cette histoire est relatée dans un livre justement intitulé *Une histoire d'amour* [5] et dans un téléfilm, *Marie Humbert, l'amour d'une mère* [6].

L'amour parental est peut-être l'un des meilleurs lieux d'apprentissage de l'amour.

La question *Aimer jusqu'où ?* s'articule ainsi à une autre question : comment aimer ? Car, comme tout amour, l'amour maternel n'est pas exempt lui-même d'ambiguïté. Une mère veut tout pour son enfant, le meilleur. Cependant, « l'amour de certaines mères est comme une corde passée au cou de l'enfant : au moindre mouvement de celui-ci vers la vie, le nœud coulant se resserre [7] ». Ceci dit, sans parler de ce que l'on appelle le déni de grossesse ou des infanticides qui défraient parfois la chronique et dont on se demande toujours « comment est-ce possible ? », l'amour parental est peut-être l'un des meilleurs lieux d'apprentissage de l'amour. N'est-ce pas en effet un vrai défi, pour les parents, de ne pas limiter une liberté nécessaire pour la maturation de leurs enfants tout en posant de nécessaires garde-fous, tout en éduquant, en guidant ?... Et un jour, il faut bien les laisser partir. Il y a là une apparente contradiction : « L'amour du parent pour son enfant a quelque chose de paradoxal dans son principe : s'il aime son enfant, il veut que celui-ci devienne une personne indépendante, qui par conséquent n'a plus besoin de lui ; l'amour "réussi" du parent a comme effet – douloureux – d'éloigner de lui son enfant [...]. Le parent se trouve soudain privé du rôle gratifiant de protecteur et de détenteur de la reconnaissance, rôle qui pouvait être à la base de son propre équilibre psychique ; c'est le syndrome du "nid vide"[8]. » Attachement et détachement...

On peut sortir « lessivé » d'une histoire d'amour qui finit mal, ou se fâcher « à mort » en famille, ou encore voir une amitié fidèle bafouée. Impossible de s'en protéger ! Car qui pourrait se fermer à l'amour ?

L'amour, entre fascination et peur

S'il n'y a rien de plus banal qu'aimer, si cette expérience est universellement partagée – malgré des variantes culturelles –, aucune n'est paradoxalement plus singulière ni plus exceptionnelle. Il s'agit chaque fois de se lancer dans une aventure inédite et exclusive, qui demande toute notre énergie. On s'y plonge avec ce que l'on est, son histoire personnelle, son vécu, son expérience déjà acquise en la matière – on a pu éprouver différents sentiments : confiance, déception, jalousie, exaltation... Aimer, c'est ainsi développer toutes ses potentialités. Cela concerne le cœur, le corps, l'intelligence, les sens. Tout l'être est concerné et engagé. De fait, aucune aventure n'est plus belle, mais elle est à

5. Marie Humbert, *Pour tous les Vincent du monde : une histoire d'amour*, Paris, Michel Lafon, 2007.
6. Téléfilm de Marc Angelo, TF1, 2007. Grand prix de la fiction au neuvième festival de télévision de Luchon.
7. Christian Bobin, *Ressusciter*, Paris, Gallimard, 2001, p. 89.
8. Tzvetan Todorov, *La vie commune. Essai d'anthropologie générale*, Paris, Le Seuil, coll. Points/Essais, 1995, p. 98-99.

Aimer, c'est en fait accepter de ne pas tout maîtriser. Aimer jusqu'où ? Comment savoir ?

haut risque. On peut sortir « lessivé » d'une histoire d'amour qui finit mal, ou se fâcher « à mort » en famille, ou encore voir une amitié fidèle bafouée. Impossible de s'en protéger ! Car qui pourrait se fermer à l'amour ? Notre nature humaine est ainsi faite que les autres « nous sont nécessaires pour nous accoucher de tout ce que nous ne parvenons à donner. [...] Ils ont sur nous un pouvoir de vie et de mort. Ils nous font vivre s'ils nous aiment, et ils nous tuent s'ils nous délaissent[9] ». Chaque être vit ainsi au fond de lui ce paradoxe, à la fois enfermé qu'il est dans une irréductible solitude et avec dans le cœur un besoin viscéral des autres, de leur amour, pour vivre et être pleinement lui-même. Aimer, c'est en fait accepter de ne pas tout maîtriser. *Aimer jusqu'où ?* Comment savoir ? Tant de choses nous échappent dans l'amour et, comme le dit le philosophe Pascal, « le cœur a ses raisons que la raison ne connaît point ». Pas étonnant qu'aimer fascine et effraie à la fois. D'autant plus que l'on sait la difficulté de s'engager aujourd'hui, de faire confiance, de pardonner, de rester fidèle à ce que l'on vit, à ce que l'on croit, à ce que l'on est... Nous vivons dans une société où il faut se battre parfois pour vivre, pour rester soi-même, où chacun est voué, et poussé, à s'en sortir tout seul. Quand nous craignons par-dessus tout de ne plus être nous-mêmes, de ne pas rester authentiques, il y a de quoi hésiter... « Qu'il est difficile d'aimer », chantait Gilles Vigneault, dans une chanson au titre évocateur : « Le doux chagrin ». Car comment, en même temps, ne pas être fasciné par l'amour et par ses gestes, des plus simples aux plus forts ?

L'amour des croyants pour Dieu est lui-même décrit, dans la Bible, dans ce double registre de l'attirance et de la crainte. Si le commandement biblique est clair : « Tu aimeras le Seigneur ton Dieu » (Dt 6, 5), se tourner vers Dieu c'est néanmoins être balloté entre la peur que peut générer toute transcendance et la fidélité, la confiance à ce Dieu-roc qu'invoquent certains psaumes : « Je t'aime, Dieu, ma force, Dieu est mon roc et ma forteresse » (Ps 18). La Bible raconte par exemple que lorsque Moïse se rend sur la montagne du Sinaï pour rencontrer Dieu, des coups de tonnerre apparaissent, des éclairs et une « épaisse nuée », et le peuple tremble (Ex 19, 16). Certains passages de l'Évangile évoquent aussi la peur qui saisit les disciples lorsqu'ils sont témoins des apparitions de leur maître Jésus après sa mort. « Ne craignez point », est-il alors obligé de leur dire (Mt 28, 10). ■

9. Louis Evely, *Et si tout avait un sens ?*, Annecy, Monte-Cristo, 2005, p. 223-224.

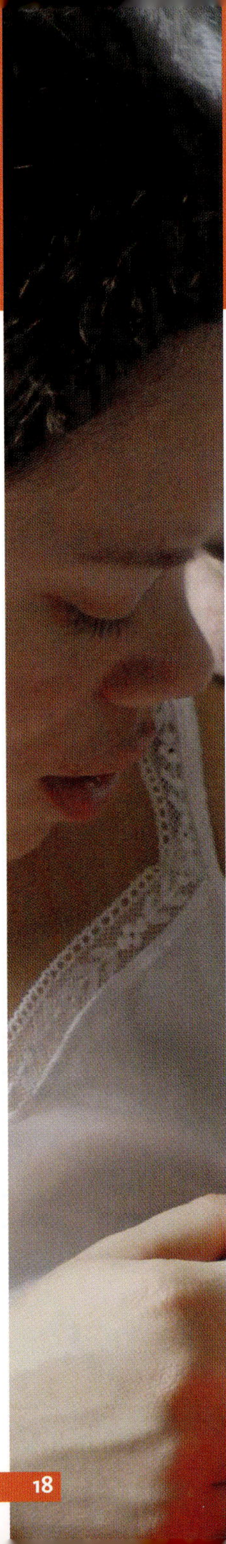

Du plus charnel au plus **SPIRITUEL**

Cette relation à Dieu qu'évoque la Bible nous amène à explorer un dernier paradoxe de l'amour, qui n'est pas le moindre : l'amour relève en fait du plus charnel en nous comme du plus spirituel. L'expérience croyante est aussi une expérience amoureuse, un amour tourné vers Dieu. On oppose souvent ces deux dimensions de l'amour : l'amour « physique » n'a effectivement rien à voir, *a priori*, avec l'amour de Dieu ! Néanmoins, l'une des caractéristiques de l'amour est qu'il a toujours besoin de gestes et de paroles pour se dire. De passer, donc, par notre corps.

De quel amour parle-t-on ?

Cette opposition entre les amours vient peut-être du fait que nous n'avons qu'un mot en français pour le dire, là où les anciens Grecs en disposaient de trois. Ils distinguaient en effet l'amour-*eros*, l'amour-*philia* et l'amour-*agapè*. Sans entrer dans le détail des définitions, il convient d'indiquer le sens global de ces trois termes. D'*Eros*, Dieu de l'amour dans la mythologie grecque, le poète Hésiode disait qu'il était « le plus beau des dieux immortels ». *Eros*, pour les anciens Grecs, c'est l'amour entre un homme et une femme, qui ne naît pas de la pensée ou de la volonté mais qui, pour ainsi dire, s'impose à l'être humain. On aime avec ses sens, avec son corps. *Eros* a donné « érotisme » en français. Mais ce que dit d'abord *eros*, c'est que l'amour ne reste pas désincarné. L'amour-*eros* est l'amour sensible, amour-désir des corps. *Philia*, c'est l'amour-amitié, affection, solidarité, qui peut néanmoins se mêler de passion et de désir, mais qui se déprend de toute perspective de possession de l'autre. L'amour-*philia* ajoute en effet la dimension du bien de l'autre. Aimer, c'est préférer que l'autre existe plutôt que non. Le philosophe Emmanuel Levinas souligne cette dimension de l'amour lorsqu'il dit que l'amour commence dès que l'autre existe pour nous, car son visage nous interpelle et nous appelle à une responsabilité envers lui. Le bonheur d'un couple ne se suffit pas, par exemple, de l'amour-*eros*. Il n'est possible que dans la perspective d'une non-possession de l'autre. On ne « prend » pas l'autre parce qu'on le veut, mais on prend plaisir à son bien, on est heureux du seul fait qu'il existe. Cet amour-là est aussi une nécessité humaine.

Agapè est un mot grec plus tardif. Il a été traduit en latin par *caritas*, d'où vient le mot « charité », plus connu ! Mais le mot « charité » est quelque peu dévalué aujourd'hui, empreint de condescendance, de bonne conscience.... Les philosophes de la Grèce antique ne connaissent pas le mot *agapè*. Il exprime une nouveauté par rapport aux deux autres. Il s'agit « de l'amour du prochain, pour autant que nous en soyons capables : de l'amour pour celui qui ne nous manque ni ne nous fait du bien, dont on n'est ni amoureux ni l'ami, mais qui est

Eros, pour les anciens Grecs, c'est l'amour entre un homme et une femme, qui ne naît pas de la pensée ou de la volonté mais qui, pour ainsi dire, s'impose à l'être humain.

L'*agapè* désigne l'amour totalement gratuit que Dieu nous porte, amour qui ne demande en retour qu'une réponse à hauteur de notre amour qui restera toujours à échelle humaine.

là, simplement là, et qu'il faut aimer en pure perte, pour rien, ou plutôt pour lui, quoi qu'il soit, quoi qu'il vaille, quoi qu'il fasse, et fût-il notre ennemi[10]... » Le mot *agapè* est celui que privilégie le Nouveau Testament.

Trois mots pour dire l'amour

Ces trois acceptions du mot amour ne sont pas exclusives l'une de l'autre. Entre *eros*, *philia* et *agapè*, les choses ne sont pas si tranchées que nous le pensons parfois. L'amour *philia*, amour-amitié, est par exemple utilisé dans l'évangile de Jean quand il est question de la relation entre Jésus et ses disciples. Mais l'évangéliste Jean n'hésite pas à articuler amour-*philia* et amour-*agapè* dans la relation entre Jésus et Pierre dans un passage significatif de son évangile. Il raconte une rencontre entre Jésus et ses disciples, après la résurrection (Jn 21, 1-23). À la fin du repas qu'ils prennent ensemble, Jésus demande à Pierre s'il l'aime. Trois fois, Jésus réitère sa question, trois fois, Pierre répond : « Oui, Seigneur, tu sais que je t'aime. » Si certains commentateurs soulignent le lien entre cette question répétée trois fois et le triple reniement de Pierre au moment de l'arrestation de Jésus, c'est un aspect particulier du texte que nous voudrions relever ici. Car ce dialogue a aussi une autre dimension : alors que la traduction française n'utilise que le verbe « aimer », deux verbes grecs sont en fait utilisés par l'évangéliste Jean. Les deux premières fois, Jésus demande à Pierre s'il l'aime en utilisant le verbe *agapao*, en demandant donc à Pierre s'il l'aime d'un amour-*agapè*. Deux fois Pierre répond en utilisant le verbe *phileo*, en assurant Jésus de son amour-*philia*, de son affection. La troisième fois, Jésus utilise lui-même le verbe *phileo*, et Pierre répond de même. Jésus n'exige pas de Pierre qu'il se hisse, à son égard, au « niveau » de l'amour-*agapè*. C'est lui qui s'ajuste à l'amour que Pierre lui porte, alors même que l'enjeu est important, puisqu'il ne s'agit pas moins de confier à Pierre le soin de la communauté des disciples : « Sois le berger de mes brebis », lui dit-il en effet. L'*agapè* désigne là l'amour totalement gratuit que Dieu nous porte, amour qui ne demande en retour qu'une réponse à hauteur de notre amour qui restera toujours à échelle humaine. Aimer Dieu ne va pas non plus de soi ! Mais lui ne reste pas sur sa hauteur d'amour infini. Il rejoint chacun de nous dans sa propre capacité à aimer.

Trois fois, Jésus réitère sa question, trois fois, Pierre répond : « Oui, Seigneur, tu sais que je t'aime. »

Quant aux termes *eros* et *agapè*, on pense souvent spontanément que la foi chrétienne les oppose. *Eros*, amour tourné vers le charnel, et *agapè*, amour tourné vers Dieu.

10. André Comte-Sponville, *Présentations de la philosophie*, Paris, Albin Michel, 2000, p. 54-55.

L'amour n'est pas que sentimental, intellectuel ou cérébral, il est aussi corporel, sexué. On aime avec son corps, par son corps.

Or Dieu, pour la tradition chrétienne, n'est pas étranger à l'amour-*eros*. Le pape Benoît XVI, dans un texte consacré justement à l'amour, écrit que s'il y avait vraiment opposition entre l'*eros* et l'*agapè*, « l'essence du christianisme serait alors coupée des relations vitales et fondamentales de l'existence humaine et constituerait un monde en soi, à considérer peut-être comme admirable mais fortement détaché de la complexité de l'existence humaine. En réalité, *eros* et *agapè* [...] ne se laissent jamais séparer complètement l'un de l'autre. Plus ces deux formes d'amour, même dans des dimensions différentes, trouvent leur juste unité dans l'unique réalité de l'amour, plus se réalise la véritable nature de l'amour en général. Même si, initialement, l'*eros* est surtout sensuel, ascendant – fascination pour la grande promesse de bonheur –, lorsqu'il s'approche ensuite de l'autre, il se posera toujours moins de questions sur lui-même, il cherchera toujours plus le bonheur de l'autre, il se préoccupera toujours plus de l'autre, il se donnera et il désirera "être pour" l'autre. C'est ainsi que le moment de l'*agapè* s'insère en lui ; sinon l'*eros* déchoit et perd aussi sa nature même[11]. »

Il n'y a donc pas de conflit d'intérêt entre les trois formes de l'amour. L'amour n'est pas que sentimental, intellectuel ou cérébral, il est aussi corporel, sexué. On aime avec son corps, par son corps. La sexualité n'est pas étrangère à la question *Aimer jusqu'où ?*, qui se pose aussi dans le désir des corps, dans le plaisir sexuel, dans l'érotisme, quand bien sûr ils ne vont pas contre une communion humaine entre les êtres. La sexualité a d'ailleurs elle-même trois dimensions : une dimension rela-

tionnelle, une dimension de plaisir, érotique, une ouverture à la fécondité[12]... Le discours de l'Église catholique reprend ces trois dimensions. Le plaisir n'est donc pas absent de ce discours. Elle « affirme que si l'on veut une sexualité réussie, épanouissante, il faut veiller à ne pas trop dissocier les unes des autres ces trois dimensions. Sinon, on risque de chosifier la personne, d'instrumentaliser le corps, alors que le corps est une dimension de la personne, et pas seulement un instrument[13] ». On voit là aussi les paradoxes, les ambiguïtés et les tensions possibles. Mais au-delà de ces difficultés, l'amour dans toutes ses dimensions existe et peut être durable, tout à la fois accueil de l'autre et don de soi. Les relations intimes n'en sont-elles pas l'expression ?

« Quand nous couchons avec quelqu'un, nous disons avec notre corps : "Je me donne à toi, sans réserve, maintenant et pour toujours, et je te reçois comme un don".

11. Benoît XVI, encyclique *Deus caritas est*, Paris, Bayard/Le Cerf/Fleurus Mame, 2006, p. 26-27.
12. Voir Xavier Thévenot, dans Frédéric Mounier, *L'amour, le sexe et les catholiques*, Paris, Le Centurion, 1994, p. 44-45.
13. *Ibid*.

Entre Dieu et l'humanité se vit une histoire d'amour, dit la Bible.

Mais si, le matin venu, nous partons en laissant un petit mot sur la table de nuit : "Merci pour ce bon coup qui m'a fait plaisir, mais je n'ai pas envie de jamais te revoir", alors, en un sens, nous avons menti avec notre corps. C'est comme si nous disions : "Je t'aime éternellement" et que nous nous sauvions pour toujours[14]. »

Dieu amoureux de l'humanité

La frontière entre amour charnel et amour spirituel est parfois poreuse. Ainsi, certaines pages de la Bible n'hésitent pas à évoquer Dieu comme amoureux de l'humanité. Il est par exemple question d'un Dieu jaloux, qui ne demande rien d'autre à son peuple en retour de son amour que la fidélité. Entre Dieu et l'humanité se vit une histoire d'amour, dit la Bible. L'un des livres de l'Ancien Testament, le *Cantique des cantiques*, est consacré tout entier à l'amour, célébrant l'amour du « bien-aimé » pour sa « bien-aimée », de la « bien-aimée » pour son « bien-aimé ». Il évoque ainsi la relation amoureuse entre Dieu et son peuple, entre Dieu et

Et c'est alors que j'ai entendu : « Je t'aime. » Ça alors ! J'te jure que j'ai failli tomber en pâmoison ! Ce Je t'aime, je ne l'ai pas entendu dans le creux de l'oreille, [...] je l'ai entendu par l'esprit, par le corps, par le cœur. Une tendresse infinie qui serait montée comme une mer intérieure pour t'immerger. Et j'ai compris que c'était Dieu qui m'avait submergée et subjuguée. Là, tu ressens un sentiment océanique, et tu ressors en île, tout éclaboussé de bonheur. Alors a commencé entre lui et moi une grande histoire d'amour [...]. Avant, je n'étais qu'un petit bout de femme de rien du tout ; maintenant, je suis une créature unique, parmi des milliers de milliers. C'est une sacrée métamorphose qui est à la portée de tout le monde, à une condition : aimer et se sentir aimé. Pour de vrai, et pour toujours.

FRANÇOIS GARAGNON, *Jade et les sacrés mystères de la vie*, Annecy, Monte Cristo, 1991.

chacun de nous : le bien-aimé se laisse entrevoir, il s'éloigne puis se rend proche, et enfin se donne. Sa bien-aimée le cherche avec ardeur et finit par le posséder. Ce livre biblique est tout empreint de sensualité et suggère même une relation d'amour physique :
« Qu'il me baise des baisers de sa bouche. Tes amours sont plus délicieuses que le vin » (Ct 1, 2) ; « Que tu es belle, que tu es charmante, ô amour, ô délices ! Dans ton élan tu ressembles au palmier, tes seins en sont les grappes. J'ai dit : Je monterai au palmier, j'en saisirai les régimes » (Ct 7, 7-9).
Le *Cantique des cantiques*, évocation à forte symbolique nuptiale, a également une symbolique d'alliance. Il peut ainsi servir de langage à une certaine expérience spirituelle et mystique. Jean de la Croix, mystique chrétien du XVIe siècle, demandera d'ailleurs qu'on lui lise le *Cantique des cantiques* sur son lit de mort, plutôt que la prière des agonisants. Ne se préparait-il pas ainsi au « corps à corps » avec Dieu ?
Devant la complexité de l'amour, devant ses paradoxes, nous avons donc à notre disposition plusieurs manières de le dire, plusieurs manières d'être dans l'amour, plusieurs manières d'aimer, qui en appellent à la complexité de nos sentiments et de nos sensations. Il ne s'agit surtout pas de séparer les amours, comme si en nous, le manque, le partage, l'accueil de l'autre, le don, la générosité étaient séparables. Comme s'il y avait un amour chimiquement pur ! Personne ne peut échapper aux paradoxes, à l'ambiguïté, aux tensions de l'amour. Ce serait échapper à la complexité de nos relations, au mystère de notre humanité et au mystère de l'amour. ■

Le *Cantique des cantiques*, évocation à forte symbolique nuptiale, a également une symbolique d'alliance.

14. Timothy Radcliffe, « Ceci est mon corps, livré pour vous. Christianisme et sexualité », dans L. Basset, É. Fassin, T. Radcliffe, *Les chrétiens et la sexualité au temps du Sida*, Paris, Le Cerf, 2007, p. 72-73.

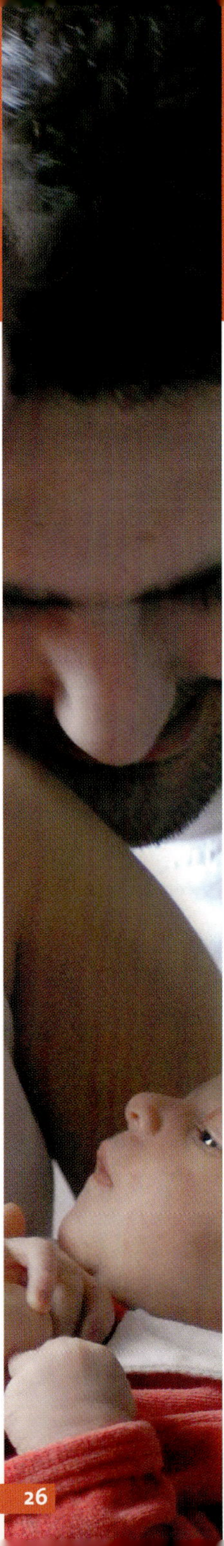

Passer à L'AMOUR

La Bible ne parle-t-elle pas principalement d'amour ? La volonté même de Dieu doit être comprise en ce sens. Pourtant, elle n'est pas évidente à comprendre et à honorer. Jésus lui-même vit ce passage difficile à la volonté de celui qu'il nomme pourtant « Abba », père. Il s'avère que son « passage au Père » (Jn 13, 1) est un véritable passage à l'amour. Un passage qui n'est pas sans difficultés.

La dernière nuit de Jésus

En effet, la complexité, la tension de l'amour dont nous parlons depuis le début, Jésus lui-même les a éprouvées la veille de son arrestation, alors qu'il se trouvait au mont des Oliviers, dans le jardin de Gethsémani, aux prises avec la question : *Aimer jusqu'où ?* Ce texte est à lire entièrement, dans l'évangile de Marc par exemple (Mc 14, 32-42). L'évangéliste décrit la dernière nuit de Jésus. Celui-ci demande à ses disciples de veiller avec lui, mais ils se sont endormis, sans doute assommés par l'enjeu de ce qui est en train de se passer. Il leur a pourtant confié : « Mon âme est triste à en mourir» (Mc 14, 34). Il reste seul. Il ressent « effroi et angoisse ». Il sait qu'il va être arrêté et sans doute condamné. L'ultime réponse qu'il a à donner culmine dans cette prière qu'il adresse à son Père : « Abba ! tout t'est possible : éloigne de moi cette coupe ; pourtant, pas ce que je veux, mais ce que tu veux ! » (Mc 14, 36). Il retourne alors vers ses disciples, leur demande une fois encore de prier avec lui, puis s'en va de nouveau et prie « en disant les mêmes paroles » (Mc 14, 39). Pour Jésus lui-même, trouver l'accord d'amour avec la volonté de Dieu ne va pas de soi. Il prie ainsi à trois reprises. Cette scène inédite décrit une sorte de débat entre ce que veut Jésus et la volonté de son Père. Il ne reste à Jésus que la prière comme libre expression de soi, dans sa relation avec son Père, car tout son corps est envahi par l'émotion du trouble et de la peur. Sa prière est une prière d'amour. Jusque-là il enseignait, il guérissait sur les routes de Palestine. Sa mission n'était pas terminée, mais elle se transforme subitement en « heure » à subir et en « coupe » à boire.

La bonne nouvelle de l'amour, celle dont ne cesse de nous parler l'Évangile, ne va donc pas de soi. Elle se termine pour Jésus par cette nuit d'angoisse, son arrestation puis sa mort. Il ne s'agit pas pour lui d'une hésitation, mais d'un véritable saut, qu'on pourrait

Il ne reste à Jésus que la prière comme libre expression de soi, dans sa relation avec son Père, car tout son corps est envahi par l'émotion du trouble et de la peur.

Le Christ, [...] par sa faiblesse avouée – il demande aide aux siens – épouse la condition humaine en son angoisse, sa peur, en un mot sa faiblesse face à la mort. Et c'est par là même qu'il est en intime relation avec la Source. Ce qui peut donc, en un instant, apparaître, chez lui, comme une faiblesse – son désarroi – est ce qui en réalité fait sa force. Il est, de par celle-ci, solidaire de tous les hommes devant l'abîme de la mort. [...] Le Christ [...] est en relation. Qui est la vie même. Tirant sa force de ce qui passe l'homme, il est plus homme encore.

Georges Haldas, *Socrate et le Christ*, Paris, L'Âge d'Homme, 2002, p. 104-105.

Le Christ au jardin des Oliviers, Émile Bernard

qualifier de saut de l'amour. Par son « oui » final, il se trouve devant un passage à faire qui n'est pas sans une difficulté radicale : « Ayant aimé les siens qui étaient dans le monde, il les aima jusqu'au bout» (Jn 13, 2). Le « saut » est d'ailleurs l'une des significations du mot « Pâques », *Pessah* en hébreu, qui signifie aussi passage. Cette nuit de Gethsémani ne fait-elle pas écho à notre propre difficulté face à la réponse radicale d'amour à donner, quand nous sommes seuls à pouvoir la donner, dans une tension parfois insoutenable ? D'autant plus que, comme le dit l'Évangile, notre « oui » doit être un « oui » et notre « non » un « non » (Mt 5, 37) : quand notre vie ou celle de ceux que l'on aime est en jeu, quand notre humanité et nos solidarités sont engagées, quand amour rime avec bonheur mais

Rien n'est jamais acquis à l'homme Ni sa force
Ni sa faiblesse ni son cœur Et quand il croit
Ouvrir ses bras son ombre est celle d'une croix
Et quand il croit serrer son bonheur il le broie
Sa vie est un étrange et douloureux divorce
Il n'y a pas d'amour heureux

Louis Aragon, « Il n'y a pas d'amour heureux », dans *La Diane Française*, Paris, Seghers, 1946.

aussi avec blessure ; quand quelque chose doit mourir en nous pour accueillir la volonté de l'autre ; quand un drame se noue car il faut tout donner ; ou au contraire quand nous n'acceptons pas de mourir à nous-même, en aucune sorte, en limitant ainsi notre capacité à aimer.

Une expérience humaine fondamentale

Aimer, c'est donner, c'est se donner. Voilà tout l'enjeu de cette nuit au jardin de Gethsémani. Quand les repères rationnels ne fonctionnent plus, l'amour-don ne se satisfait pas d'un temps de réflexion personnelle, il a aussi besoin de prière. Car aimer, comme l'on dit vulgairement, ça « prend les tripes », ça passe par le corps, aussi par le don du corps. Jésus a signifié cela, de manière forte, lors de la Cène, le dernier repas qu'il prit avec ses disciples. Le partage du pain et du vin est alors devenu don de lui-même, de son corps et de son sang, c'est-à-dire de sa vie : « Ma vie, nul ne la prend, mais c'est moi qui la donne » (Jn 10, 18). La foi chrétienne ne fait pas dans l'amour-angélisme. Elle parle d'un amour qui engage, qui s'engage, jusqu'à l'affrontement, jusqu'à un retranchement possible. Jésus, à Gethsémani, vit un drame d'amour qu'il sera nécessaire, si l'on veut le suivre, de mettre en lien avec la fameuse phrase : « Aimez-vous les uns les autres comme je vous ai aimés. »[15] Car, lors de cette nuit-là, il dit un « oui» authentique à son Père, alors que celui-ci semble absent. Un « oui » d'amour, avec la conviction forte que telle est la réponse à donner à la volonté de Dieu, un « oui» d'amour pour ses disciples et pour la Bonne Nouvelle

La foi chrétienne ne fait pas dans l'amour-angélisme. Elle parle d'un amour qui engage, qui s'engage, jusqu'à l'affrontement, jusqu'à un retranchement possible.

15. Ce que nous ferons dans la deuxième partie.

qu'il veut transmettre, malgré la tentation de renoncer, tentation qu'il a d'ailleurs déjà connue au désert, immédiatement après avoir été baptisé par Jean dans le Jourdain (Lc 4, 1-13).

Curieuse Bonne Nouvelle, qui annonce le royaume d'amour de Dieu, mais qui ne cache pas cette nuit d'angoisse de Jésus, ni son arrestation, ni sa mort. Au jardin de Gethsémani, Jésus vit une véritable agonie. Le Père est tout pour lui et lui est « pure relation au Père. Et, tout à coup, le Père disparaît. C'est comme le soleil qui se cache derrière les nuages, plus rien. Jésus est un pauvre homme prostré à terre[16] ». Il n'est pas séparé de Dieu, lui pour qui la volonté de son Père est toute sa nourriture. Mais le Père ne semble plus être là, si clairement, dans sa conscience. Il disparaît, en quelque sorte. S'ouvre alors un abîme devant lui, à un degré proprement infini. Ne sommes-nous pas, nous aussi, tentés de dire, comme Jésus : « Tout, mais pas ça ! » ? L'impression d'être parfois devant le vide. Dans notre relation à Dieu bien sûr, mais aussi dans certaines de nos relations humaines, dans nos relations d'amour, d'amitié, de solidarité…

Peut-être avons-nous trop tendance à taire les tensions inhérentes à l'amour que nous sommes amenés à vivre. À cause sans doute du fait que l'amour, comme tout aujourd'hui, est contraint à la performance. Ce qui oblige parfois à cacher, à se cacher, la complexité d'aimer. La foi chrétienne, lorsqu'elle parle d'amour, n'évoque pas un amour fusionnel entre Jésus et son Père, ni un amour cotonneux entre disciples. Elle ne promet pas non plus des lendemains qui chantent ! Elle ne parle pas d'un amour éthéré, hors de la chair et de la pâte humaines. L'amour ne se vit pas sans faire l'épreuve du réel. Jésus lui-même doit quitter celles et ceux qu'il aime pour se mettre au diapason de la volonté de son Père et ainsi le rejoindre. Quitter les siens pour mieux aimer, pour mieux les aimer, pour les aimer « jusqu'au bout ». L'amour est parfois le lieu obligé du renoncement. Renoncer que l'autre soit tel que l'on voudrait qu'il soit, renoncer à le posséder, et ainsi renoncer à soi-même. Car le souci de nous mêmes, le désir que cette « coupe » passe loin de nous parce que là n'est pas notre modèle de la réussite, ne nous rend pas disponibles pour aimer librement.

Au jardin de Gethsémani, Jésus vit une véritable agonie. Le Père est tout pour lui et lui est « pure relation au Père. Et, tout à coup, le Père disparaît ».

Tous nos « passages à l'amour» valorisés

Quand elle parle d'amour, la tradition chrétienne touche donc à cette réalité à laquelle personne ne peut rester indifférent, dans laquelle toute existence est plongée, qu'elle le veuille ou non. Elle parle d'un Dieu qui a lui-même plongé dans la dimension immanente de l'amour, celle que nous partageons tous de par notre humanité. Elle n'édulcore pas les difficultés de l'amour, elle en annonce plutôt la vérité. Celle-ci passe par la dimension divine de l'amour, la manière dont Jésus lui-même en a été le témoin, la manière dont il a aimé. Elle l'évoque comme une véritable ressource pour vivre. La foi chrétienne est la tradition d'un savoir-vivre à la fois concret et

16. François Varillon, *Vivre le christianisme*, Paris, Bayard, coll. Compact, 2002, p. 249-250.

spirituel de l'amour, celui qui suscite et re-suscite toute vie. Il n'est pas besoin d'expliquer cet amour puisque chacun en fait déjà l'expérience fondamentale. Malgré ses ambivalences, dit la foi chrétienne, il est « l'unique réalité vraiment digne de foi qui, aujourd'hui comme en tout temps, appelle une décision confiante[17] ».

La croix est le signe du salut, elle pousse à affirmer qu'il est possible d'aimer.

Car l'amour fait vivre. Mais la plupart du temps, nous ne voyons dans nos gestes quotidiens d'amour, de solidarité, de fraternité, dans nos sentiments, dans nos affections que des choses banales qui ne méritent aucune attention. Or, la foi chrétienne appelle au discernement, et donc à voir derrière les apparences. Ainsi, « l'amour dont vit la foi n'est pas aveugle, au contraire il transperce les apparences. Ce qui pourrait se dire autrement : il y a dans la foi un acharnement à voir là où, selon les apparences, il n'y a rien à voir[18] ». Dans une société parfois très dure où beaucoup de nos relations sont mises à mal, chacun de nos « passages à l'amour» est important. Lorsque la foi chrétienne annonce qu'en Jésus criant son angoisse sur la croix – « Mon Dieu, mon Dieu, pourquoi m'as-tu abandonné ? » (Mc 15, 34) –, qu'en cet événement-là, le salut advient à toute l'humanité, elle n'a pas peur de donner la figure la plus paradoxale de l'amour : la fidélité de Jésus, qui peut paraître scandaleuse, puisqu'elle le conduit à la mort sur une croix. À vue purement humaine, étroitement humaine, le chemin de l'amour se révèle bien une impasse pour Jésus comme pour chaque être humain : « de ce point de vue, le signe de la croix du Christ n'est pas un bon signe, il pousse au contraire à douter de tout, à récuser que l'amour soit digne de foi[19] », car l'amour que Jésus a

donné semble échouer définitivement. Mais, « d'un autre point de vue, il y a quelque chose de lumineux, de pacifiant, dans la figure d'un tel amour et d'une telle fidélité, quand ils vont au bout d'eux-mêmes, sans souci d'eux-mêmes. De ce point de vue, la croix est le signe du salut, elle pousse à affirmer qu'il est possible d'aimer, mais pas comme on poursuit un but, pas comme on accomplit une performance en vue d'une récompense, mais, si j'ose dire, "pour rien"[20] ». Pour rien d'autre que par amour, parce que « l'amour n'est pas d'abord notre but mais ce qui nous porte, ce qui nous fait vivre[21] ».

Au cœur de leur foi, les chrétiens annoncent une bonne nouvelle, celle de la résurrection, qui passe au-delà de cette figure scandaleuse et effrayante du juste condamné et crucifié. Mais passer au-delà de la croix et de nos croix à porter demande que nous parvenions à « nous laisser réaccorder à la générosité insondable du mouvement de l'amour qui, toujours à nouveau, sollicite notre engagement confiant dans l'existence[22] ». N'est-ce pas cela renaître à la vie nouvelle dont parle l'Évangile ? Encore faut-il passer à l'amour, ce qui demande qu'on y croie assez pour s'y engager ! ■

17. Henri-Jérôme Gagey, « Proposer la foi, partager l'Évangile », dans G. Routhier et M. Viau, *Précis de théologie pratique*, Paris/Montréal/Bruxelles Les Éditions de l'Atelier/Novalis/Lumen Vitae, 2007, p. 319.
18. Henri-Jérôme Gagey, *La nouvelle donne pastorale*, Paris, Les Éditions de l'Atelier, 1999, p. 41.
19. Henri-Jérôme Gagey, *La nouvelle donne pastorale*, *op. cit.*, p. 65.
20. *Ibid.*
21. *Ibid.*
22. *Ibid.*

Croire
en l'amour

Parlant d'amour, nous parlons d'une expérience
humaine fondamentale, décisive.
Un sujet, avons-nous dit, à manier avec délicatesse !
D'autant plus si nous ne voulons pas tomber
dans le piège d'une parole sur l'amour
qui soit démentie par la réalité de la vie.
Notre propos n'est pourtant pas de décourager d'aimer !
D'ailleurs, comment serait-ce possible ?
Choisit-on d'aimer ?... Mais *Aimer jusqu'où* ?
Nous l'avons vu, cette question nous renvoie
à nos expériences les plus intimes.
Pour la foi chrétienne, c'est au cœur de nos itinéraires
de vie que l'écho de la Parole d'amour de Dieu résonne,
et il n'y a pas d'un côté l'amour parfait de Dieu,
et de l'autre nos petites amours humaines.
Au cœur de nos vies c'est l'amour de Dieu lui-même
qui est actif. C'est pourquoi la foi chrétienne
propose de croire en l'amour.

L'amour, un COMMANDEMENT

La tradition biblique fait de l'amour un commandement. Il s'agit d'aimer Dieu « de tout son cœur et de toute son âme » (Dt 6, 5) et « le prochain comme soi-même » (Lv 19, 18). Jésus rapproche ces deux commandements. On parle ainsi du « double commandement de l'amour ». La première lettre de Jean en donne une version plus concrète : « Si quelqu'un dit : "J'aime Dieu" et qu'il déteste son frère, c'est un menteur : celui qui n'aime pas son frère, qu'il voit, ne saurait aimer le Dieu qu'il ne voit pas. Oui, voilà le commandement que nous avons reçu de lui : que celui qui aime Dieu aime aussi son frère » (1 Jn 4, 20). De fait, la consigne est claire : aimer. Mais à partir d'une parole neuve de Jésus sur l'amour.

« Aimez-vous les uns les autres comme je vous ai aimés »

En effet, l'évangile de Jean rapporte ces paroles de Jésus : « Je vous donne un commandement nouveau : aimez-vous les uns les autres. Comme je vous ai aimés, aimez-vous les uns les autres. À ceci tous vous reconnaîtront pour mes disciples : si vous avez de l'amour les uns pour les autres » (Jn 13, 34-35). Et plus loin : « Voici mon commandement : vous aimer les uns les autres comme je vous ai aimés » (Jn 15, 12). À première vue, il ne s'agit ni plus ni moins pour Jésus que de commander à ses disciples de s'aimer, de mettre en pratique l'amour que lui-même a prêché et pratiqué. Mais peut-on faire de l'amour un commandement ? L'amour peut-il naître sur commande ? Peut-on forcer et se forcer à aimer ? Aime-t-on d'ailleurs systématiquement celles et ceux avec qui l'on partage telle ou telle conviction, telle ou telle cause, telle ou telle croyance ?… Il existe certes une proximité, on regarde ensemble dans la même direction, mais aimer… Il ne serait d'ailleurs pas sain d'aimer par devoir, parce que Jésus le demande, parce que Dieu le veut. Il n'est pas question de blâmer l'obéissance au commandement de l'amour ! Mais on connaît les dérives possibles si l'on en reste à ce « devoir » d'aimer. Il est à l'origine de beaucoup de « sacrifices » de soi, de vies plutôt emprisonnées que libérées. Dans notre vie de tous les jours, l'amour, de fait, ne se commande pas. Il est au contraire souvent passionnel. Nos affections, nos amours, nos amitiés, nos solidarités sont souvent instinctives et l'on reste souvent, dans ce domaine, sur nos premières impressions. C'est à un autre regard que nous invite Jésus.

Mais peut-on faire de l'amour un commandement ? L'amour peut-il naître sur commande ? Peut-on forcer et se forcer à aimer ?

Soulignons-le, il s'adresse ici à ses disciples. Il va bientôt mourir, accusé d'un procès à l'issue duquel il sera condamné et mis à mort crucifié. Sa parole est donc une sorte de parole-testament. Comme si Jésus désirait que celles et ceux avec lesquels il ne reste pas dans une rela-

On connaît ce que peut léguer d'indéfinissable un parent, une éducation, un aïeul… Notre vie intérieure dépend parfois de tels héritages.

tion de maître à disciples mais entre dans une relation d'amour – il les appelle désormais ses amis –, ne gardent de lui pour héritage que son amour, que sa propre manière d'aimer. Un héritage original. Comme si le message qu'il désirait apporter ne se résumait qu'à ceci : l'amour. On sait l'importance de l'héritage dans une famille, et que l'on n'hérite pas uniquement de biens ! On connaît ce que peut léguer d'indéfinissable un parent, une éducation, un aïeul… Notre vie intérieure dépend parfois de tels héritages. Ils sont quelquefois ambivalents, et certains « secrets de famille » sont bien lourds à porter. Mais les disciples, eux, reçoivent de la part de Jésus une parole explicite concernant son héritage spirituel : ni plus ni moins que l'apprentissage d'un amour jamais démenti. Comme l'artisan délivre, tout au long de sa vie, l'héritage de son savoir-faire pratique, Jésus dit à ses disciples de s'inspirer de sa vie. Non pas : « Faites ceci ou cela », mais « Regardez et pratiquez l'amour qui m'a habité durant tout le temps que j'étais avec vous. »

De toute façon, Jésus n'avait pas de biens à distribuer. Lorsqu'il est crucifié, les soldats n'ont que ses vêtements et sa tunique à se partager (Jn 19, 23) ! Mais on aurait pu s'attendre à ce qu'un maître tel que lui décline à ses disciples une sorte de programme à suivre, comme un

> Il ne parle pas pour attirer sur lui une poussière d'amour. Ce qu'il veut, ce n'est pas pour lui qu'il le veut. Ce qu'il veut, c'est que nous nous supportions de vivre ensemble. Il ne dit pas : aimez-moi. Il dit : aimez-vous. Il y a un abîme entre ces deux paroles. Il est d'un côté de l'abîme et nous restons de l'autre.
>
> CHRISTIAN BOBIN, *L'homme qui marche*, Cognac, Le temps qu'il fait, 1995, p. 17.

leader l'aurait fait avec ses sympathisants. Une manière de « transmettre le flambeau »… Sa parole est en fait bien plus forte qu'un simple passage de relais du genre : « À vous maintenant de défendre la cause ! » Il ne leur parle que d'amour, comme si l'amour seul était désormais digne de foi. L'amour pour seul programme de vie ! Alors même qu'il a déjà annoncé que l'un de ses disciples le trahirait, Judas, et qu'un autre, Pierre, le renierait « avant que le coq ne chante », ne reste pour lui que l'amour, que cet amour réciproque entre disciples qui sera le signe de sa suivance. Ce que l'on appelle le commandement de l'amour prend alors un tout autre sens qu'un vague commandement du genre « Soyez gentils les uns envers les autres », ou qu'une injonction donnée en surplomb, celle d'un Dieu qui commanderait d'aimer, mais de loin. Il s'agit d'aimer comme Jésus a aimé, d'aimer « à la manière de Jésus ». « Aimez-vous comme je vous ai aimés » : le commandement de l'amour fait écho à l'amour dont Jésus a aimé ses disciples. L'amour dont il parle n'est donc pas sans référence.

Il s'agit d'aimer comme Jésus a aimé, d'aimer « à la manière de Jésus ».

Comme Jésus a aimé

Aimer jusqu'où ? Aimer comme Jésus a aimé. Voilà une piste évangélique. Les quatre évangiles sont les premiers témoins de l'amour selon Jésus. La tradition chrétienne en est aussi témoin par la manière dont cet amour a été reçu en héritage par tous les disciples de Jésus, au long des siècles. Bien imparfaitement, penseront certains ! Nécessairement de manière ambivalente et paradoxale, pouvons-nous dire en écho à ce que nous avons découvert de l'amour dans notre première partie. Innombrables sont pourtant les hommes et les femmes qui ont pris au sérieux cet héritage d'amour de Jésus. Non seulement de grandes figures – François d'Assise, Vincent de Paul, Mère Teresa...–, mais aussi des figures plus discrètes, les plus nombreuses, celles dont on ne parlera jamais au grand jour car elles sont restées anonymes. Nous connaissons sans doute de ces personnes qui, sans éclats, sans en rajouter, sans obligatoirement professer explicitement la foi chrétienne, sont ou ont été pour nous d'authentiques héritiers de cet amour pratiqué par Jésus.

Jésus fait en effet du partage du pain et de la coupe de vin, le partage de son corps et de sa vie : « Prenez, et mangez, ceci est mon corps. Buvez-en tous : car ceci est mon sang » (Mt 26, 26-27).

On découvre cet amour au fil des pages de l'Évangile. En quelque sorte, on le voit à l'œuvre. Mais au cœur de la foi chrétienne, il y a le récit et la mémoire du geste le plus fort de Jésus, geste essentiel, geste ultime d'amour. Avant la nuit qu'il passe au jardin des Oliviers – nuit que nous avons évoquée dans la première partie –, Jésus prend son dernier repas avec ses disciples. Les évangélistes donnent à ce dernier repas une intensité incomparable. Jésus fait en effet du partage du pain et de la coupe de vin – geste traditionnel du rabbi lors du repas de la Pâque juive – le partage de son corps et de sa vie : « Prenez, et mangez, ceci est mon corps. Buvez-en tous : car ceci est mon sang » (Mt 26, 26-27). Paroxysme du don et de l'amour ! Quelle expérience d'amour plus fondamentale que donner sa propre vie, que se donner corps et vie ? Jésus donne toute sa personne, tout ce qu'il a vécu, y compris sa relation privilégiée à Dieu son Père : « Tout ce que j'ai entendu de mon Père, dit-il à ses disciples, je vous l'ai fait connaître » (Jn 15, 15). Il répond ainsi à la question *Aimer jusqu'où ?* Jésus aime jusqu'à ce que les autres puissent se nourrir de sa propre vie, « pour que chacun puisse l'assimiler, la faire passer dans sa vie quotidienne et ainsi entrer dans une relation nouvelle avec son Père et ses frères humains, être animé d'un souffle nouveau[23] ».

Jésus donne toute sa personne, tout ce qu'il a vécu, y compris sa relation privilégiée à Dieu son Père : « Tout ce que j'ai entendu de mon Père, dit-il à ses disciples, je vous l'ai fait connaître » (Jn 15, 15).

Jésus va jusqu'au bout de l'amour, même si, comme nous l'avons vu, ce n'est pas sans tension. Un autre geste ultime d'amour est raconté dans l'évangile de Jean. Le contexte est aussi celui du dernier repas : « Avant la fête de la Pâque, Jésus, sachant que son heure était venue de passer de ce monde à son Père, ayant aimé les siens qui étaient dans le monde, les aima jusqu'au bout » (Jn 13, 1). Il se met alors à genoux

23. Dominique Fontaine, *La foi des chrétiens racontée à mes amis athées*, Paris, Les Éditions de l'Atelier, 2006, p. 54.

devant ses disciples pour leur laver les pieds. Il renverse la logique habituelle, qui veut que ce soit l'esclave étranger qui lave les pieds des hôtes. Mais la logique de l'amour n'est pas celle des bienséances habituelles. Le maître lui-même se met au service, par amour. Il révèle ainsi la véritable toute-puissance de Dieu, que l'on comprend trop souvent comme le pouvoir de tout régenter, alors qu'elle est une toute-puissance d'amour. Cet amour-*agapè* qui « excuse tout, croit tout, espère tout, endure tout, qui ne passe jamais » (1 Cor 13, 7-8). Alors qu'il va subir sa passion – terme bien ajusté lorsqu'il s'agit d'amour ! – Jésus ne compte pas se défendre avec les armes habituelles. Il n'est armé que de l'amour. Il n'envisage pas de plan de défense avec ses disciples mais passe une nuit en prière. À l'un de ses disciples qui tire son glaive au moment de son arrestation et qui frappe le serviteur du grand-prêtre en lui tranchant l'oreille, il dit : « Restez-en là », et il guérit le serviteur (Lc, 22,51). La seule énergie que Jésus déploie, jusqu'au bout, est une énergie d'amour, celle qui permet de passer de l'être pour soi à l'être pour

Alors qu'il va subir sa passion – terme bien ajusté lorsqu'il s'agit d'amour ! – Jésus ne compte pas se défendre avec les armes habituelles. Il n'est armé que de l'amour.

L'Église est amoureuse ainsi que Jésus l'était : comme lui, elle jette sa force et sa passion à quêter une réponse et entendre une voix là où il n'y a que silences et chuchotements, à voir s'animer un corps qui est raidi de solitude et d'abandon, à prendre soin de la paix là où la guerre se prépare, à se réjouir des bras grands ouverts et des larmes des retrouvailles. À travers ces surprises et ces fêtes, c'est bien Dieu qui se donne, c'est une fois encore le grand vent de sa liberté qui rouvre les portes, et les mailles de son alliance qui refont, une à une, le tissu déchiré de sa création.

Étienne Grieu, *Un lien si fort. Quand l'amour de Dieu se fait diaconie*, Montréal/Bruxelles/Paris, Novalis/Lumen Vitae/Les Éditions de l'Atelier, 2009, p. 180.

La seule énergie que Jésus déploie, jusqu'au bout, est une énergie d'amour, celle qui permet de passer de l'être pour soi à l'être pour l'autre, dans une dynamique qui empêche le repli sur soi.

l'autre, dans une dynamique qui empêche le repli sur soi. La bonne nouvelle, c'est que cette capacité n'est pas réservée à Jésus, elle n'est pas uniquement divine. Nombre de nos gestes humains, dont certains ont été évoqués dans la première partie, s'inscrivent dans cette dynamique d'amour ! On peut éprouver parfois ce sentiment, quand on a tout essayé, par exemple pour aider quelqu'un à s'en sortir, ou pour dénouer une situation de crise, mais que cela ne marche pas, de n'avoir plus pour arme que l'amour, arme essentielle – pensons au pardon ! –, mais qui paraît paradoxalement bien dérisoire : « Quand on n'a que l'amour »…

Pour garder la mémoire vive du geste d'amour de Jésus, les chrétiens en ont fait leur principal rite. Ils le célèbrent en effet à chaque messe. Ce rite ne s'appelle-t-il pas « eucharistie », un mot grec qui signifie « merci » ? Il s'agit d'abord de remercier Dieu du don qu'il fait de lui-même, de son amour se donnant en nourriture, se donnant à manger. Chaque messe est, pourrait-on

Chaque messe est, pourrait-on dire, un rendez-vous d'amour pour recevoir cette Parole-énergie que Dieu nous adresse et cet amour-énergie dont il nous nourrit.

dire, un rendez-vous d'amour pour recevoir cette Parole-énergie que Dieu nous adresse et cet amour-énergie dont il nous nourrit, une énergie d'amour infinie, à ne pas garder jalousement pour soi et pour son bien-être, mais à mettre au service de nos frères et sœurs humains. Bien sûr, la messe est un lieu peu fréquenté aujourd'hui, son rite n'est pas toujours bien compris et beaucoup le trouvent ennuyeux. Pourquoi les chrétiens continuent-ils alors à le pratiquer ? Parce qu'il est pour eux l'indispensable mémoire du don d'amour inouï du Christ, l'indispensable merci à adresser à Dieu et l'envoi vers une vie transformée et renouvelée. Ce que signifient corporellement le geste de communion et le geste de paix.

Il n'y a aucun idéalisme dans l'insistance de la foi chrétienne sur l'amour. Elle ne propose pas une réponse naïve à la question *Aimer jusqu'où ?* : « Il n'y a qu'à s'aimer, et tout s'ensuivra… » En évoquant la manière dont Jésus a aimé, elle appelle au contraire à rester réalistes. Car son amour « fut on ne peut plus réaliste. Ce qui ne veut pas dire sans aspiration. Mais ce qui signifie sans fuite de la mort, sans crainte des risques et des recommencements quotidiens, avec une persévérance inconditionnelle malgré les déceptions. Jésus n'a pas joué à aimer. Et sa référence à l'amour du Père ne l'a pas dispensé d'aimer avec réalisme ses frères humains[24] ». Nous ne pouvons qu'inciter le lecteur à lire et relire les évangiles pour s'imprégner de cette manière d'aimer de Jésus.

Un amour trop exigeant ?

Un appel à aimer, quoi de plus simple et de plus évident ? À ceux qui disent que la foi chrétienne paraît parfois bien compliquée, on pourrait rétorquer qu'elle se résume à cette confession de foi : « Je crois en l'amour. » Mais l'amour dont parle le christianisme n'est pas un amour doucereux et bercé de bons sentiments – « Il faut être gentil, aimer tout le monde, tout supporter, se sacrifier… » L'Évangile n'est pas non plus un traité sur l'amour. Il évoque au contraire un amour totalement engagé, Jésus lui-même n'ayant pas fait de grands discours ni de théories à ce sujet. Il a aimé. Pas d'un amour « en général », mais au cœur de ses relations avec celles et ceux qu'il rencontrait. Il aimait son ami Lazare, et ses deux sœurs, Marthe et Marie.

24. Henri Bourgeois, *Revoir nos idées sur Dieu*, Paris, Desclée de Brouwer/Bellarmin, coll. Croire aujourd'hui, 1975, p. 85.

En fait, selon la tradition chrétienne, Dieu ne nous laisse pas nous débrouiller tout seuls. Il nous aide à aimer.

Lorsqu'il rencontre un jeune homme qui lui demande comment accéder à la vie éternelle, il lui répond presque machinalement qu'il n'a qu'à observer les commandements. À l'insistance du jeune homme, « Jésus fixa sur lui son regard et l'aima », dit l'Évangile (Mc 10, 21). Il peut alors lui parler en vérité et l'inviter à se dépouiller de tout son avoir et à le suivre. Le jeune homme, triste, n'aura pas la force de répondre à cette invitation d'amour. L'héritage que Jésus propose, nous l'avons vu, est pratique, « le témoignage d'une expérience d'un amour aimant absolument, d'une confiance jamais démentie[25] ». Mais il peut apparaître très exigeant. Comment se sentir à hauteur de l'amour évangélique ?

En fait, selon la tradition chrétienne, Dieu ne nous laisse pas nous débrouiller tout seuls. Il nous aide à aimer. Lorsque nous sentons par exemple nos forces nous lâcher parce que tout ce que l'on avait patiemment construit par amour semble s'effondrer sous nos pieds, il est possible de s'en remettre à l'amour dont Dieu continue de nous aimer. Jésus lui-même ne tient que par l'amour de Dieu son Père. L'Évangile évoque explicitement cet amour au moment de son baptême par Jean dans le Jourdain : « Celui-ci est mon fils bien-aimé » (Mt 3, 17). Quand Jésus s'adresse à ses disciples, il évoque ainsi la relation à son Père : « Comme le Père m'a aimé, moi aussi je vous ai aimés » (Jn 15, 9). Quand surgit l'inquiétude, ne s'en remet-on pas, sinon à Dieu, du moins à quelqu'un qui puisse nous entendre ?... Beaucoup aiment alors entrer dans une église, prier, allumer un cierge et le laisser se consumer, comme signe

d'une confiance possible en ce qu'il adviendra demain. C'est souvent pour les autres que l'ont fait brûler un cierge. Pour la foi chrétienne, Dieu est la source d'un amour digne de cette confiance. Un amour dont le signe ultime est la résurrection de Jésus. Un signe qui s'adresse aussi à chacun de nous, à qui Dieu ouvre un « avenir de ressuscité ». Cet amour, c'est vrai, n'est pas sans exigence : « Se décider pour Jésus comporte l'obligation de se décentrer de soi pour s'abandonner au Père et à l'amour du prochain[26]. » Aimer « comme Jésus a aimé », n'est-ce pas ainsi une alternative humanisante à une époque où « s'accomplir soi-même par soi-même » semble être un slogan prometteur et vendeur ? ■

25. Denis Villepelet, Roland Lacroix, *La catéchèse, écho d'une parole de vie*, Paris, Les Éditions de l'Atelier, 2008, p. 30.
26. Denis Villepelet, *L'avenir de la catéchèse*, Paris, Les Éditions de l'Atelier, 2003, p. 42.

Dieu est **AMOUR**

La première lettre de Jean va jusqu'à dire : « Dieu est amour : celui qui demeure dans l'amour demeure en Dieu, et Dieu en lui » (1 Jn 4, 16). « Amour » : c'est sans doute le plus bel attribut que l'on puisse donner à quelqu'un ! « Dieu est amour » : Jean ne lance pas là un slogan, une formule toute faite qu'il suffirait de brandir pour défendre la cause de Dieu. Il ose dire l'« amour jusqu'où ? » de Dieu.

Ne pas se tromper sur Dieu

Nous avons évoqué plus haut la toute-puissance de Dieu. Cette qualité de Dieu n'est pas très bien vue. Elle est l'objet de toutes les représentations. La foi chrétienne annonce en effet un Dieu tout-puissant. Or, si Dieu est amour, c'est bien d'une toute-puissance d'amour qu'il s'agit. Mais nous résistons souvent à accepter une telle toute-puissance, tant elle renverse la logique habituelle. Tant aussi elle nous laisse bien démunis, concrètement, dans nos existences, car nous préférerions parfois pouvoir compter sur un Dieu davantage interventionniste. L'amour est au contraire une affaire de don. Dans la mort de Jésus, dit la foi chrétienne, Dieu se donne lui-même. L'un des termes employés dans la tradition pour évoquer cette mort-don est le mot « sacrifice ». Ce mot n'a pas manqué de certaines dérives, et il n'en reste souvent qu'une injonction à « se » sacrifier. Or, dans le Nouveau Testament est souvent employé le vocabulaire disponible pour décrire ce qui est présenté comme une nouveauté radicale, le mystère de la mort et de la résurrection de Jésus. C'est le cas pour le terme « sacrifice » qui vient de la comparaison avec les rites de l'Alliance dans l'Ancien Testament. Car peut-on prendre ce mot… au mot, et imaginer que Dieu « sacrifie » Jésus son propre fils comme on sacrifiait les animaux ? N'est-ce pas pour le moins incompatible avec un Dieu qui est amour ? Il est nécessaire ici de se souvenir de ces mots de Jésus à ses disciples : « Qui m'a vu a vu le Père » (Jn 14, 9). Jésus révèle en fait qui est Dieu dans sa manière d'aimer, dans sa manière de vivre et également dans sa manière de mourir. La toute-puissance d'amour de Dieu apparaît alors comme une toute-puissance « d'effacement de soi[27] ». Pour Jésus, « vivre c'est aimer, mais aimer, c'est mourir, car c'est n'être que par les autres et pour les autres[28] ». Saint Paul vit lui-même cette expérience. Il écrit aux Corinthiens : « Lorsque je suis faible, c'est alors que je suis fort » (2 Cor 12, 10). Une phrase à méditer…

Pour Jésus, « vivre c'est aimer, mais aimer, c'est mourir, car c'est n'être que par les autres et pour les autres ».

Mais il y a une autre puissance de Dieu, c'est sa Parole, une parole forte d'amour qu'il lance à chaque être. Elle résonne déjà dans l'Ancien Testament, par exemple dans ces mots du prophète Isaïe : « Tu comptes beaucoup à mes yeux. Tu as du prix et je t'aime » (Is 43, 4). Cette Parole n'est-elle pas capable de mettre debout les

27. François Varillon, *Joie de croire, joie de vivre*, Paris, Le Centurion, 1981, p. 76.
28. François Varillon, *Joie de croire, joie de vivre*, *op. cit.*, p. 77.

Qu'est-ce qu'un amour qui est tout-puissant ? C'est un amour qui va jusqu'au bout de l'amour. La toute-puissance de l'amour est la mort : aller jusqu'au bout de l'amour, c'est mourir pour ceux qu'on aime.

François Varillon, *Joie de croire, joie de vivre, op. cit.*, p. 26.

Si Dieu est amour, la relation avec lui consiste d'abord à accepter de se laisser aimer. Ce n'est pas toujours simple.

personnes les plus « abîmées », n'est-ce pas déjà une parole de résurrection ? N'est-ce pas d'ailleurs le rôle de tout amour de relever quelqu'un qui est « par terre » ? *Aimer jusqu'où ?* La réponse chrétienne est radicale. Si Dieu est amour, la relation avec lui consiste d'abord à accepter de se laisser aimer. Ce n'est pas toujours simple. Le disciple de Jésus est celui qui se laisse prendre par cette proposition d'amour de l'Évangile, « dans ce prodigieux mouvement d'amour et s'y engage à la suite de celui qui en a témoigné le premier. C'est

n'avoir de cesse que ce royaume d'amour promis par le Père s'instaure et réunisse le monde entier[29] ». Une conversion à l'amour est alors nécessaire en chacun des instants de notre vie. Encore faut-il croire en l'amour ! Dans notre existence surgit parfois une crise qui aboutit à un mal-vivre. C'est difficile, cela peut aller jusqu'au terrassement. Mais au cœur de ces « mauvais coups » peut surgir du sens, une résurrection. La crise devient presque salutaire, on dit : « Finalement, j'ai compris beaucoup de choses… » C'est que l'on a entendu l'amour qui nous habite au plus profond de nous, et répondu à ce don reçu de Dieu. L'Évangile ne parle pas d'autre chose, même s'il ajoute qu'au-dedans de soi, c'est Dieu qui est amour. C'est pour cela qu'une parabole dit qu'il faut chercher le trésor dans son propre champ, et l'Évangile ajoute qu'« où est ton trésor, là sera aussi ton cœur » (Mt 6, 21).

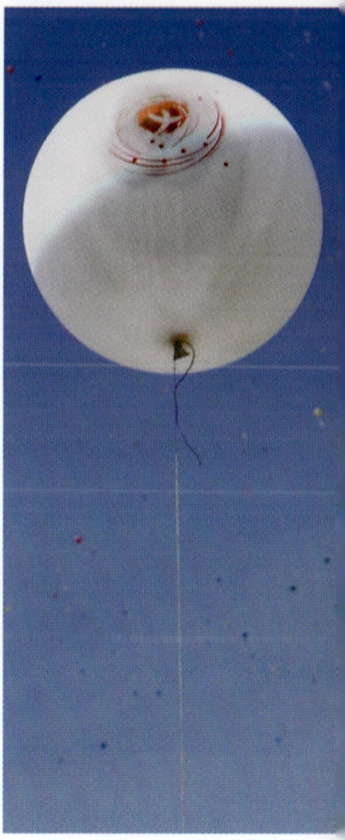

Jusqu'où Dieu aime ? La réponse à cette question relève du mystère de Dieu. Mais l'expression « Dieu est amour » suggère qu'en Dieu lui-même une relation d'amour se vit. Nous avons beaucoup parlé de la relation de Jésus avec Dieu, son Père. Mais la tradition chrétienne parle d'une troisième personne, sans doute plus énigmatique pour certains : l'Esprit Saint. Or, « l'Esprit, c'est le nom propre de l'amour divin[30] ». Il marque la surabondance de l'amour de Dieu sur laquelle nous essayons de mettre des mots dans ce livre. On voit pourquoi la tradition chrétienne tient à ce qu'elle appelle la Trinité, c'est-à-dire tout simplement l'« aimer jusqu'où » de Dieu, jusqu'à vivre en lui-même cette relation d'amour qu'il offre à toute l'humanité.

29. Denis Villepelet, *L'avenir de la catéchèse*, *op. cit.*, p. 43.
30. Henri Bourgeois, *Revoir nos idées sur Dieu*, *op. cit.*, p. 85.

Un amour qui passe la mort

Cet amour de Jésus est un éveil à la liberté, une liberté qui passe la mort.

L'Esprit de Dieu a ressuscité Jésus. L'amour de Dieu dépasse les bornes et les limites, déborde en quelque sorte. C'est ce que l'on appelle la grâce. Même la mort n'est plus un mur infranchissable pour le Dieu qui est amour. Le signe en est la promesse de la vie éternelle. Celle-ci n'étant pas un concept que les chrétiens ont inventé pour supporter une vie terrestre si difficile, en attendant mieux, mais la révélation du mystère d'amour de Dieu. L'amour qui passe la mort n'est ni plus ni moins que l'amour créateur de Dieu, qui va jusqu'à créer de nouveau pour que la mort ne soit plus le dernier mot de la vie. Mais la résurrection n'est pas une exclusivité pour la fin de la vie. L'amour de Dieu n'est pas en suspens « jusqu'à l'heure de notre mort », quand son Esprit nous remettra debout. L'annonce chrétienne proclame une surabondance de l'amour de Dieu ici et maintenant, qui se révèle au creux de nos existences.

Si Dieu est allé jusqu'au bout de lui-même par amour pour l'humanité, c'est-à-dire jusqu'à s'effacer lui-même, jusqu'à mourir en Jésus pour que nous vivions, c'est aussi pour nous inviter à croire en un amour continuellement créateur, auquel nous participons à partir de ce que chacun de nous porte en lui. Jésus n'a pas aimé autrement. Il n'a pas été le révolutionnaire que l'on a pu parfois décrire. Il n'est pas venu « arracher ses interlocuteurs à leurs traditions et à leurs solidarités pour les entraîner d'un coup au Père. Dans les évangiles, il vient toujours les chercher au creux de leurs chemins spirituels, là où se noue en eux le drame du péché et de la grâce, de la fidélité et de l'infidélité, de la vérité et du

mensonge[31] ». Cet amour de Jésus est un éveil à la liberté, une liberté qui passe la mort. Encore faut-il pouvoir recevoir le regard d'amour de Dieu ! C'est de recevoir la gratuité d'un amour qu'il s'agit. Être aimé, accueillir l'amour de l'autre demande autant d'engagement qu'aimer. À quoi bon tout donner si l'on est incapable de recevoir ? Tout donner n'empêche pas une fermeture à l'amour. Face à « la réalité de l'offense, du tort, de la blessure infligée par autrui », est possible une « réaction de fermeture à l'amour ». C'est « l'expérience du cœur de pierre, pour prendre une image biblique », expérience « constitutive de la démarche d'amour[32] ». *Aimer jusqu'où ?* Encore faut-il rester ouvert à l'amour ! C'est d'abord en nous que nous trouvons les ressources où puiser pour aimer, même si la source est en Dieu.

À quoi bon tout donner si l'on est incapable de recevoir ?

31. Henri-Jérôme Gagey, *La nouvelle donne pastorale*, *op. cit.*, p.137.
32. Lytta Basset, *La fermeture à l'amour*, Genève, Labor et Fides, 2000, p. 21.

Chaque fois que j'aime, je suis en cœur à cœur avec Dieu.

Aimer, demeurer en Dieu

Dans la première lettre de Jean, « celui qui demeure dans l'amour demeure en Dieu, et Dieu en lui ». Elle révèle ainsi la force de l'amour. On pourrait dire, de manière un peu triviale : chaque fois que j'aime, j'habite chez Dieu. Ou, de manière plus spirituelle : chaque fois que j'aime, je suis en cœur à cœur avec Dieu. Comment alors ne pas croire en l'amour ? Celui-ci n'est

Le mariage insère les époux au cœur même du mystère de Dieu. Dieu et le Christ ont vécu et vivent ce qui se passe dans tout mariage. Le mariage permet aux époux de vivre à leur tour ce que vivent le Père et le Christ. Le mariage est un sacrement, parce qu'il fait découvrir et éprouver aux hommes et aux femmes qui se marient ce que vit Dieu. Le mariage n'est pas seulement un devoir ; devoir de ressembler à Dieu, d'aimer comme Dieu aime, aussi tendrement aussi durablement que lui, aussi soucieux des besoins et des progrès de l'autre. Il est grâce. En faisant que les époux ressemblent à Dieu, il leur fait expérimenter quelque chose de ses sentiments, de ses angoisses pour l'autre, de sa joie de voir naître, de voir grandir, de sa tristesse dans les mauvais jours, quand l'autre s'éloigne. Dans le mariage vécu dans l'amour, la fidélité, le don de soi, les hommes peuvent expérimenter qui est Dieu.

Charles Bonnet, « De l'amour créateur à l'amour sauveur », dans Louis-Marie Chauvet (sous la dir.), *Le sacrement de mariage, entre hier et demain*, Paris, Les Éditions de l'Atelier, 2003, p. 215.

pas à chercher comme un but à atteindre, et aucune forme de l'amour n'est là privilégiée, car l'amour-*agapè* est comme le levain dans la pâte de chacune de nos expériences d'amour. Ceci malgré toutes les difficultés, les paradoxes, les ambivalences que nous avons relevés au fil de notre réflexion. Voilà pourquoi les chrétiens insistent sur l'amour. Nous avons maintes fois évoqué les dangers d'un amour naïf et marqué d'idéalisme, dont la phrase fétiche pourrait être *Tout le monde il est beau, tout le monde il est gentil*, titre d'un film à succès de Jean Yanne[33]. Nous avons vu qu'aimer ne se vit pas sans paradoxes, s'il s'agit vraiment de l'amour. En fait, vivre non plus n'est pas exempt d'une certaine tension ! Le message du Dieu amour ne vient pas en surplomb de ce que nous vivons nous-mêmes de l'amour. Si Dieu est amour, il ne se réserve pas la faculté d'aimer. L'être humain en est aussi capable. Mais tout amour à échelle humaine, amour sensuel, amitié, amour fraternel, amour de Dieu ou amour « à la manière de » Dieu, peut devenir un amour limité, sclérosant et sclérosé, s'il débouche sur l'unique satisfaction personnelle de soi. Dieu nous invite à l'amour-*agapè*, à aimer d'un amour qui ne soit pas en « circuit fermé », mais qui ait pour horizon le « tout donner » et le « tout recevoir ». Cet amour-là n'implique pas de planer sur des hauteurs inaccessibles. L'amour reste cette expérience humaine fondamentale dont on a dit qu'elle ne se vivait pas sans paradoxes mais qui peut toujours s'ouvrir à l'amour même – infiniment *agapè* – du Dieu amour qui nous invite à illimiter notre amour et ainsi à demeurer chez lui, en lui. ■

Si Dieu est amour, il ne se réserve pas la faculté d'aimer. L'être humain en est aussi capable.

33. Film sorti en 1972, DVD Studio Seven 7.

L'amour, un chemin à **PRENDRE**

Comme toute aventure, l'amour est un chemin à prendre. Sur ce chemin, dit la foi chrétienne, Dieu nous précède. Mais ce n'est pas une question de préséance ou de « niveau » d'amour. La Parole d'amour que Dieu nous adresse est une source d'énergie pour vivre. Elle nous aide à trouver en nous les ressources pour aimer. Trois récits de l'évangile de Luc donnent quelques pistes pour le faire.

Se faire « prochain » (Lc 10, 25-37)

À un spécialiste de la Loi qui voulait mettre Jésus à l'épreuve en lui demandant quoi faire pour avoir la vie éternelle en héritage, celui-ci lui rappelle ce qui est écrit dans la Loi : « Tu aimeras le Seigneur, ton Dieu, de tout ton cœur, de toute ton âme, de toute ta force et de tout ton esprit ; et ton prochain comme toi-même. » L'amour de Dieu ne peut se passer de l'amour du prochain. La Loi rappelée dans ce texte donne au verbe « aimer » une double orientation. Vers l'inaccessible – « Tu aimeras le Seigneur ton Dieu… » –, vers le plus proche – « et ton prochain comme toi-même ». Ces deux relations n'ont pourtant à première vue rien de comparable. L'amour envers Dieu mobilise tout l'être, le cœur, l'âme, la force et la pensée. On aime Dieu en totalité, sans se laisser disperser. Aimer Dieu unifie l'être, tout entier convoqué pour aimer. Le prochain, lui, est à aimer « comme [s]oi-même ». Encore faut-il s'aimer soi-même ! En fait, quand

Dieu parvient à mobiliser tout notre être, il n'y a plus en nous de ressentiment ni de haine, de manque d'amour, de fermeture à l'amour. Cette pacification nous permet d'avancer vers l'amour de nous-mêmes et notre amour de l'autre peut alors grandir. Dans la suite du texte, le légiste demande : « Et qui est mon prochain ? » Jésus lui raconte alors l'histoire d'un homme agressé sur une route, laissé pour mort, secouru par un Samaritain alors qu'un prêtre et un lévite étaient passés devant lui sans s'arrêter. Le Samaritain se fait le prochain de l'homme blessé, « celui qui a fait miséricorde à son égard ».

On a gardé de cette parabole l'expression « bon Samaritain », qui désigne aujourd'hui quelqu'un qui fait une bonne action. Le prochain reste le proche, celui qu'on ne choisit pas et qui est à aimer et à aider tel qu'il est. Mais ce texte propose un renversement : il s'agit de se faire proche de celui qui a besoin d'amour. Ce dernier n'est pas à aimer en fonction d'une plus ou moins grande proximité avec lui, car définir une telle proximité serait encore le situer par rapport à soi, à sa propre situation. Cette forme d'amour serait encore trop paradoxale, trop égocentrique. La parabole de Jésus invite au contraire à placer l'autre au centre, ici « celui qui était tombé au milieu des brigands ». Si le texte ne dit rien sur cet homme, sauf qu'il est « un homme à demi-mort », c'est que se faire le prochain d'un autre ne demande aucune condition, si ce n'est qu'il a besoin de nous, parce qu'il est

En fait, quand Dieu parvient à mobiliser tout notre être, il n'y a plus en nous de ressentiment ni de haine, de manque d'amour, de fermeture à l'amour.

un humain blessé. De même, celui qui se fait le prochain n'est pas désigné comme Samaritain, c'est-à-dire selon son appartenance sociale et religieuse, mais comme « celui qui a fait miséricorde ». Les Samaritains étaient des schismatiques pour les juifs, et donc des gens infréquentables. Mais celui-ci « n'a pas regardé à son identité pour se faire proche d'un homme qui avait perdu la sienne. "Faire miséricorde" devient l'acte où s'unissent le cœur et le corps, l'émotion et l'action, pour créer une proximité d'homme à homme, en deçà de toutes les identités sociales qui engendrent les frontières[34] ».

Jésus dit alors au légiste, en réponse à sa question sur la vie éternelle : c'est « faire de même » qu'il s'agit. Aimer comme le Samaritain a aimé, de cet amour-là, l'amour miséricordieux – le mot « miséricorde » signifie avoir un cœur touché par la misère de l'autre, être pris aux entrailles par sa misère. Tout homme, toute femme peut « faire de même », et aimer jusqu'à se faire le prochain de l'homme blessé. Ce n'est pas l'apanage de membres de telle ou telle religion, de telle ou telle classe sociale… Mais ceci ne fait pas du Samaritain un modèle. Ce qui compte, c'est aimer pour faire vivre. Se contenter d'une loi, fût-elle religieuse et prônant l'amour, ne suffit pas. Aimer, c'est du concret. L'amour ne se contente pas non plus de lois générales, du genre : « Il faut aimer tout le monde ». Dans ce texte d'évangile, l'amour « surgit en celui qu'il fait devenir le prochain de l'autre[35] ». Parce qu'il n'a pas raté une occasion d'aimer qui se présentait, au détour d'une route. L'amour ne dépend-il pas souvent de l'imprévu de rencontres singulières ?

Quand le pardon de Dieu conduit à l'amour (Lc 7, 36-50)

Luc met en scène un repas de Jésus chez un pharisien, Simon. Celui-ci a invité Jésus, sans doute pour essayer de mieux le connaître, pour comprendre qui est ce rabbi qui court les routes et qui attire les foules. Ce repas est subitement perturbé par une femme qui vient se jeter aux pieds de Jésus, en pleurs. Elle est connue dans la ville pour être une « pécheresse » – d'un mot grec qui veut dire « qui fait fausse route, qui se trompe » –, c'est-à-dire, dans le contexte, une prostituée. On imagine la scène et l'étonnement de Simon le pharisien ! D'autant plus que Jésus se laisse toucher par cette femme, sans rien dire, ce que proscrit la loi juive. Un prophète ne l'aurait pas laissé faire. Sa conduite est indécente, au milieu de gens aussi respectables.

Aimer, c'est du concret. L'amour ne se contente pas non plus de lois générales, du genre : « Il faut aimer tout le monde ».

Que vient faire cette femme ? Ses pleurs, qu'elle ne peut retenir, indiquent qu'elle a déjà fait une expérience spirituelle. Les pleurs ne sont-ils pas souvent la manifestation d'un bouleversement intérieur ? Elle vient en fait signifier sa reconnaissance. Si elle est là, si elle bouscule ainsi toutes les conventions, toutes les convenances et les interdits, c'est qu'elle a vécu une expérience spirituelle dont elle vient exprimer sa reconnaissance à celui qu'elle pressent en être la source. Elle a d'ailleurs apporté un

34. Jean Delorme, *Au risque de la parole. Lire les évangiles*, Paris, Le Seuil, 1991, p. 116.
35. Jean Delorme, *Au risque de la parole. op. cit.*, p. 123-124.

« vase de parfum » et se jette aux pieds de Jésus. Il semble qu'elle ait pris conscience du pardon de Dieu. Elle va alors lui exprimer son amour. Son attitude contraste avec celle de Simon, qui reste, lui, observateur, et n'ose rien dire à Jésus. Il ne se parle qu'à lui-même et

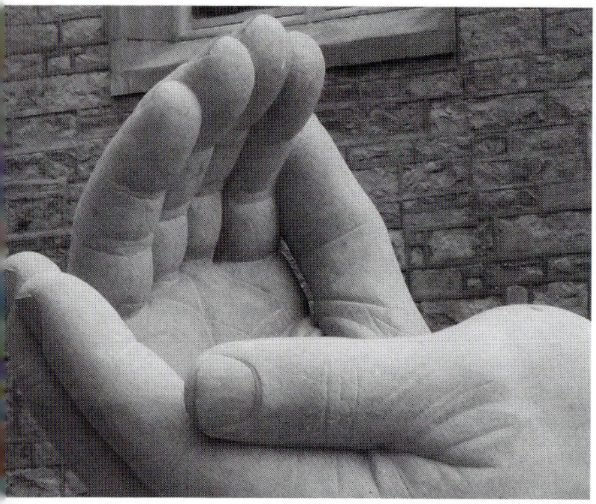

s'étonne de voir Jésus laisser faire la femme. C'est donc lui que Jésus interpelle, lisant sans doute sur son visage son étonnement : cette femme, qui a beaucoup à se faire pardonner, n'en est que plus touchée par le pardon de Dieu dont elle a fait l'expérience. Et Jésus poursuit en comparant l'accueil de Simon à la démonstration d'amour démesurée de la femme à son égard. Alors que Simon n'a même pas eu ce geste de respect qui consistait à verser de l'eau sur les pieds de son hôte à son arrivée, la femme les a, elle, « arrosés » de ses larmes d'amour. Les armes de sa séduction, ses cheveux, ses baisers, son parfum, deviennent la manifestation de son amour, par un renversement qui ressemble à une conversion. Alors que Simon n'a pas donné de baiser de bienvenue à Jésus, ni ne lui a versé de l'huile sur la tête, la femme, elle, « a montré beaucoup d'amour ». Simon est peut-être trop habitué à Dieu, à son amour qu'il enferme dans des convenances religieuses. Jésus parle à la femme. Il ne la méprise pas comme le fait Simon. Il lui parle car elle révèle le pardon, la tendresse et l'amour de Dieu.

Notre amour pour Dieu est le fruit du pardon qu'il nous adresse. Ce n'est pas : il faut aimer pour être pardonné. C'est : nous aimons parce que nous nous savons aimés et

pardonnés. L'amour de Dieu ne se révèle pas dans les conventions, mais par nos pleurs et par ce dont il nous rend capables.

Jusqu'à aimer ses ennemis ? (Lc 6, 27-35)

L'amour-*agapè* est en œuvre tout au long de l'Évangile. Jésus n'agit qu'en fonction de cet amour-là. Est-il possible de le suivre ? *Aimer jusqu'où ?* « Jusqu'à aimer ses ennemis », dit-il à ses disciples. Une parole toujours difficile à entendre. Quant à l'appliquer... Car c'est d'un amour sans contrepartie qu'il parle : « Aimez vos ennemis, faites du bien et prêtez sans rien attendre en retour. » Il nous laisse donc bien démunis quand il nous demande de faire l'expérience de cet amour quasi impossible. Lui-même a demandé à Dieu de pardonner aux bourreaux qui le crucifiaient. Le pardon reste sans doute la pierre de touche de l'amour.

Aimer jusqu'où ? La réponse à cette question se joue au cœur de nos vies, dans les paroles et les gestes d'amour les plus infimes, les plus intimes. C'est d'abord dans ces paroles et ces gestes que Dieu amour parle et se révèle. Croire en l'amour est donc possible, sans en faire un idéal inaccessible, mais en le laissant naître et travailler en nous, aux bons comme aux mauvais jours. ■

Notre amour pour Dieu est le fruit du pardon qu'il nous adresse. Ce n'est pas : il faut aimer pour être pardonné. C'est : nous aimons parce que nous nous savons aimés et pardonnés.

Ça vaut la peine **d'en parler**

Bien entendu, ce livre n'a pas pour but de donner une réponse définitive à la question : ***Aimer jusqu'où ?*** **Appartenant à la collection** ***Une question à la foi*****, il se veut plutôt l'amorce d'une réflexion sur cette question lorsqu'elle est posée à la foi chrétienne. Il aimerait donc susciter chez son lecteur le désir d'aller plus loin, seul ou en partage avec d'autres. Cette troisième partie propose des moyens pour le faire. Cet ouvrage peut aussi être le point d'appui pour organiser des rencontres plus larges, dans des paroisses ou des mouvements. Car la collection** ***Une question à la foi*** **s'inscrit dans la recherche d'une nouvelle démarche catéchétique**[36]**.**

36. Voir Denis Villepelet, Roland Lacroix, *Une question à la foi. La catéchèse, écho d'une parole de vie*, *op. cit.*

Se laisser QUESTIONNER...

Nous vous proposons en premier lieu de prendre un temps pour réagir aux propos de ce livre, de revenir sur votre lecture, grâce à quelques questions. Ce peut être de manière personnelle ou dans un échange ou une conversation avec d'autres (membres de votre famille, amis...).

- Tout au long de ces pages, nous avons suggéré qu'aimer relève avant tout de l'expérience intime et personnelle. C'est donc à cette expérience qu'il convient d'abord de faire appel. Nous avons constamment tenté d'articuler tradition chrétienne et expérience humaine, car nous sommes convaincus que le message chrétien est d'abord à entendre au cœur de notre quotidien.

    ➥ À la lecture du livre, qu'est-ce qui a particulièrement retenu votre attention ? Certains propos ont-ils rejoint votre expérience, d'autres ont-ils, au contraire, pris à contre-pied vos propres convictions ? Globalement, les questions soulevées, les réflexions suggérées en ce qui concerne l'amour vous semblent-elles pertinentes ou les trouvez-vous bien loin de votre vécu ?

- Nous insistons sur le fait qu'aimer est soumis à un certain nombre de paradoxes et ne se vit pas sans tension. Aimer, ce n'est jamais sans ambiguïtés...

➥ En reprenant les différents exemples donnés, d'autres vous viennent-ils en tête ? Votre expérience et celle de personnes autour de vous (enfants, amis, collègues...) rejoignent-elles le fait qu'aimer soit à la fois l'objet des plus grandes joies et des plus grandes souffrances ? Pensez-vous aussi, comme nous le suggérons, que l'amour soit exigeant et demande un travail sur soi (travail d'accueil de l'autre et de don à l'autre) ?

Aimer, ce n'est jamais sans ambiguïtés...

- Nous avons longuement évoqué le récit de la dernière nuit de Jésus au mont des Oliviers. Nous vous invitons à prendre le temps de lire ou de relire ce récit dans l'Évangile, et même l'ensemble du récit de la Passion de Jésus.

  ➥ Si vous connaissiez ce récit, l'aviez-vous lu sous cet angle, ou le comprenez-vous aussi autrement ? Si vous ne le connaissiez pas, ou si vous n'en aviez qu'un vague souvenir, êtes-vous surpris par cette évocation ? Comment réagissez-vous ?...

  ➥ Nous vous invitons à procéder de la même façon avec tous les textes de l'Évangile cités dans le livre.

- Nous parlons de l'amour comme d'un engagement de tout son être, d'un passage à faire, un « passage à l'amour », en articulant l'amour-*eros*, l'amour-*philia* et l'amour-*agapè*.

➥ Que pensez-vous de cette vision de l'amour ? En voyez-vous des conséquences lorsqu'il s'agit d'aimer – en couple, en famille, entre amis, en solidarité avec d'autres – les personnes qui, pour une raison ou une autre, ont besoin que nous nous fassions leur prochain ?...

Quelles chances notre société moderne offre-t-elle à l'amour ?

● Nous évoquons la manière dont Jésus a aimé, car son amour est comme une référence pour les chrétiens. Nous citons quelques passages de l'Évangile. Il y en aurait bien d'autres à citer, peut-être certains vous sont venus à l'esprit lors de la lecture. Il est bon alors de retourner au texte pour les relire.

➥ Si vous ne connaissez pas bien les évangiles, pourquoi ne pas vous plonger dans cette lecture, pour « vérifier » comment Jésus met en œuvre le savoir pratique de l'amour dont nous avons parlé ?

➥ Si vous connaissez les évangiles, que diriez-vous, spontanément, de la manière dont Jésus a aimé ? Après la lecture de ce livre, estimez-vous que c'est un amour vers lequel on peut tendre, comme homme ou femme vivant au début du XXIe siècle ? Quelles sont les contraintes, liées à notre époque, qui pourraient en être des obstacles ? Quelles chances notre société moderne offre-t-elle, selon vous, à l'amour ?

● Selon nos croyances, nos représentations, notre philosophie de vie, la foi qui nous porte, l'expression « Dieu est amour » peut résonner de manières très diverses.

➥ Qu'en est-il pour vous ? Êtes-vous d'accord avec la manière dont nous parlons de Dieu dans cet ouvrage et, plus fondamentalement, avec ce que nous soulignons de la proposition chrétienne ? Comment comprenez-vous vous-même cette parole de la première lettre de Jean : « Dieu est amour » ?

● Ce livre pose la question « *Aimer jusqu'où ?* » à la foi chrétienne. Selon que vous soyez familier ou non avec cette tradition, vous pouvez recevoir diversement nos propos.

➥ Que vous suggère la lecture de ce livre sur le rapport de la foi chrétienne à l'amour ? ■

D'autres manières de parler de **L'AMOUR**

Il y a mille manières d'entendre parler de l'amour ! Lire un roman, écouter des chansons, regarder une émission à la télévision, une série ou un téléfilm, aller au cinéma, voilà de bons moyens d'amorcer une réflexion personnelle, une discussion ou une rencontre en famille, entre amis, autour de l'amour.

Il convient donc d'être attentifs à la manière dont est évoqué l'amour, et notamment l'« aimer jusqu'où ? » dans toutes ces expressions. Nous avons aussi rappelé que certains faits divers ne manquent pas d'intérêt sur cette question.

Nous vous suggérons par exemple quelques films, qui ne sont que quelques indications à compléter au gré de vos sorties cinéma ! Nous avons déjà cité dans la première partie de ce livre : *Mourir d'aimer*, l'histoire vraie d'un amour interdit entre une prof et un élève ; *L'amour à mort*, les ambiguïtés de l'amour abordées à travers l'histoire de deux couples, et *Marie Humbert, l'amour d'une mère*. En voici quelques autres :

Jésus de Montréal[37]

Un jeune acteur et metteur en scène joue le rôle de Jésus dans une version théâtrale de la Passion. Sa propre histoire se noue avec celle de Jésus jusqu'à sa mort accidentelle alors qu'il joue la scène de la crucifixion. Ses organes seront « donnés » en vue d'une transplantation, donnant un nouvel espoir de vie à ceux qui les attendent. Ce film peut être vu comme une évocation moderne de la Passion de Jésus.

Il y a mille manières d'entendre parler de l'amour ! Lire un roman, écouter des chansons, regarder une émission à la télévision, une série ou un téléfilm, aller au cinéma...

Pour elle[38]

Le combat d'un homme qui tente tout pour libérer sa femme accusée de meurtre.

Va, vis et deviens[39]

En 1984, dans un camp de réfugiés fuyant la famine au Soudan, une mère chrétienne se sépare de son enfant de neuf ans, déclaré juif, pour lui donner une chance de vivre. Israël et les États-Unis organisent une opération de transfert baptisée « Moïse » pour sauver des Juifs éthiopiens vers Israël. On peut regarder ce film en entier ou sélectionner la première scène entre la mère et son fils, lorsqu'elle lui intime l'ordre de partir (DVD chapitre 1).

La vie est belle[40]

Dans l'Italie fasciste, Guido et son fils Giosuè sont déportés. Dans le camp de concentration, par amour pour son fils, Guido tente par tous les moyens de lui cacher la situation réelle dans laquelle ils se trouvent. Quelques scènes de ce film peuvent être mises en exergue :

37. De Denys Arcand, Studio Canal, 1989.
38. De Fred Cavayé, Mars Distribution, 2008.
39. De Radu Milaileanu, Les films du Losange, 2004.
40. De Roberto Benigni, Bac Films, 1998.

- L'amour de Dora pour Guido, son mari, et Giosuè, son fils : Dora, non-juive, monte dans le train qui conduit son mari et son fils au camp de déportés (DVD chapitre 7).
- L'amour de Guido pour son fils : quand Guido raconte à Giosuè une histoire de grand jeu pour lui cacher la vérité des camps (DVD chapitres 8 et 9).
- L'amour de Guido pour sa femme : dans le camp, il prend des risques pour parler au micro qui diffuse sa voix dans les hauts parleurs afin de faire savoir à sa femme qu'il est en vie, ainsi que Giosuè (DVD chapitre 10).
- Au moment de la débâcle, Guido comprend que les nazis vont exterminer tous les prisonniers avant de quitter le camp ; il cache alors son fils mais se fait arrêter en tentant d'aller prévenir sa femme. Il est alors emmené à l'écart par un soldat pour être fusillé, mais en passant devant la cachette d'où son fils l'observe, il joue une dernière fois la comédie du grand jeu (DVD chapitre 13).

Au-delà de la haine [41]

C'est un documentaire filmé avant, pendant et après le procès aux assises des assassins de François Chenu, agressé mortellement à Reims en septembre 2002 parce qu'il était homosexuel. Ce film montre le parcours de sa famille qui, sans haine, dépasse sa douleur pour s'engager dans un combat en faveur de la tolérance et du respect de l'autre.

Le complot [42]

C'est un film-fiction inspiré par l'histoire du père Popieluszko, prêtre polonais, militant du mouvement Solidarnosc, arrêté et tué par la police secrète en 1984.

Comme nous l'indiquions précédemment, d'autres pistes culturelles peuvent être envisagées pour débattre de la question *Aimez jusqu'où ?*, liées à l'actualité cinématographique ou aux propositions télévisuelles : séries, documentaires, débats. L'éventail est très large. ■

41. D'Olivier Meyrou, Eurozoom, 2005.
42. Titre original : *To kill a priest*, d'Agnieszka Holland, AMLF, 1988.

> Certains films d'auteur abordent le religieux sur le mode implicite [...]. Ils nous aident à comprendre que la spiritualité d'un film n'est pas attachée au sujet. Il ne suffit pas de tirer son scénario de la Bible, de parler de Dieu, de Moïse ou de Jésus, pour faire œuvre religieuse. Le vent de l'Esprit souffle où il veut (*cf.* Jean 3, 8). Un film peut avoir une valeur spirituelle sans référence explicite à Dieu ou à une spiritualité, quelle qu'elle soit. Dans certains films de Robert Bresson, le christianisme n'est pas mis en avant [...]. Pourtant, la spiritualité chrétienne les irrigue tout autant que ceux dont la référence chrétienne est explicite et les intentions du réalisateur ne sont pas équivoques.
>
> Michèle Debidour, *Le cinéma, invitation à la spiritualité*, Paris, Les Éditions de l'Atelier, 2007.

Organiser des **RENCONTRES** plus larges

Ce chapitre s'adresse particulièrement aux chrétiens, animateurs en paroisse ou dans un mouvement, qui désirent organiser une ou des rencontres autour de la question *Aimer jusqu'où ?*

Pour l'ensemble de la démarche, nous renvoyons au livre présentant ses fondements et son déroulement : *Une question à la foi. La catéchèse, écho d'une parole de vie*[43], aux quatre volumes déjà parus[44], et au blog d'*Une question à la foi*[45] pour des suggestions de mise en œuvre pratique.

Les rencontres *Une question à la foi* peuvent être organisées en soirée ou en journée, par exemple le dimanche. Elles sont destinées à un large public. Au-delà d'un simple débat, elles invitent accompagnateurs comme participants à se laisser questionner par la question *Aimer jusqu'où ?*, à entendre la manière dont elle entre en résonnance avec leur expérience, la foi chrétienne et la Parole de Dieu. Concrètement cette démarche se déroule en cinq temps :

1. Un temps de préparation pour les accompagnateurs au cours duquel ils expérimentent pour eux-mêmes la démarche qu'ils proposeront ensuite à leurs invités. Ils peuvent le faire en échangeant à partir du questionnement du chapitre 1, « Se laisser questionner », puis en mettant en œuvre l'une des proposi-

tions d'amorce du chapitre 2, « D'autres manières de parler de l'amour », ou l'une de celles proposées ci-dessous.

2. Un temps convivial (café, repas…).

3. Des ateliers de partage par catégorie d'âge ou intergénérationnels (voir les exemples d'amorces ci-dessous), avec comme déroulement : réagir de manière spontanée à l'amorce, échanger avec les autres participants, laisser résonner la question avec la foi chrétienne et la Parole de Dieu, évaluer le déplacement opéré, se préparer à partager lors de la célébration.

43. Denis Villepelet, Roland Lacroix, *Une question à la foi. La catéchèse, écho d'une parole de vie*, *op. cit.*

44. Mireille Prévost, Roland Lacroix, *Qu'est-ce que réussir sa vie ?*, *Pardonner, est-ce possible ?*, *Où va la terre ?*, *Tout, tout de suite ?*, *op. cit.*

45. Adresse du blog : http://www.unequestionalafoi.blogspot.com

4. Un temps de célébration. Le « geste de paix » peut être mis en valeur pour une rencontre autour de la question *Aimer jusqu'où ?*

5. Un temps d'évaluation.

Le « geste de paix » peut être mis en valeur pour une rencontre autour de la question *Aimer jusqu'où ?*

Exemples d'amorces proposées pour échanger avec un groupe d'adultes :

Les films du chapitre « D'autres manières de parler d'amour » en sont déjà des exemples.

- Écouter « L'hymne à l'amour » d'Édith Piaf ou « Quand on a que l'amour » de Jacques Brel, ou toute autre chanson d'amour. Puis remettre aux participants les paroles de la chanson. Chacun peut réagir sur le message contenu dans ces textes et l'échange peut commencer.

- Écouter le témoignage d'une personne ayant fait un don d'organes (don d'un rein pour permettre une greffe, par exemple) ou un don de moelle osseuse. Puis échanger à partir du témoignage entendu.

- À partir de la phrase de sainte Bernadette : « Le Bon Dieu me demande sans doute le sacrifice d'une vie extraordinaire. Accepter de vivre une vie ordinaire est aussi une manière d'aimer complètement », écouter un témoignage d'amour au quotidien (parents-enfants ou mari et femme). Puis échanger.

- Lire « L'hymne à l'amour » de saint Paul (1 Cor 13, 1-13). Échanger.

Exemples d'amorces pour échanger avec un groupe d'adolescents

- Écouter la chanson « Par amour[46] » de Diam's ou « Tout s'efface[47] » de Patrick Bruel. Remettre aux jeunes les paroles de la chanson choisie. Échanger et réagir sur le message contenu dans ces textes.

- Visionner *Titanic*[48], film aux onze Oscars. À la fin du film, quand le bateau coule, Jack et Rose se retrouvent dans la mer glacée. Jack trouve une planche sur laquelle Rose se hisse mais qui ne peut supporter leur poids à tous les deux. Jack reste auprès d'elle dans l'eau glacée (DVD chapitres 27 et 28). Puis, à partir du film, proposer un partage d'expériences, un échange.

46. Album *Dans ma bulle*, 2006.
47. Album *Juste avant*, 1999.
48. De James Cameron, UFD, 1997.

Exemples d'amorces pour échanger avec un groupe d'enfants

• Proposer aux enfants une ou plusieurs bandes dessinées racontant la vie de témoins qui ont donné leur vie par amour de la justice, de la paix, du respect de l'autre. Gandhi[49], Martin Luther King[50], le père Popieluszko[51], Charles de Foucauld[52], Marcel Callo, Maximilien Kolbe.

• Visionner un extrait du film *Harry Potter à l'école des sorciers*[53], par exemple quand Harry apprend que sa mère s'est sacrifiée pour lui, pour le protéger. Deux courts extraits complémentaires évoquent cette situation : un échange entre Hagrid et Harry (DVD chapitre 8) puis celui entre Harry et le professeur Dumbledore (DVD chapitre 32).

• Visionner un extrait du dessin animé *Mulan*[54]. Mulan est une jeune chinoise ; quand son pays est attaqué par les Huns, elle s'engage dans l'armée en se faisant passer pour un garçon, pour éviter à son père, infirme, d'être enrôlé. On peut regarder avec les enfants cet extrait (DVD chapitres 7 et 8).

• Visionner un ou plusieurs extraits qui se complètent du dessin animé *La petite sirène*[55]. La chanson d'Ariel explique son attrait pour la vie sur terre (DVD chapitre 7). Puis elle découvre le bateau du prince Éric, tombe amoureuse de lui et,

49. Benoît Marchon, *Gandhi, le pèlerin de la paix*, Paris, Bayard Jeunesse/Astrapi, 2003.
50. Benoît Marchon, Claude et Denise Millet, *Martin Luther King*, Paris, Le Centurion/Astrapi, 1988.
51. Thierry Lescuyer et Pierre Frisano, *Le Père Popielusko*, Paris, Le Centurion/Grain de Soleil, 1994.
52. Benoît Marchon, *Charles de Foucauld*, Paris, Bayard Jeunesse/Grain de Soleil, 2002.

alors que survient un très gros orage, elle le sauve de la noyade (DVD chapitres 8 et 9). Plus tard, elle accepte un sortilège, par amour pour Éric, pour pouvoir vivre sur terre. Cette potion lui procure une paire de jambes à la place de sa queue de sirène mais, en échange, elle doit donner sa jolie voix (DVD chapitre 16).

La fin du film propose une autre piste intéressante : Triton, le père d'Ariel, voyant sa fille si malheureuse loin de son prince, lui donne des jambes pour finalement aller le rejoindre.

Exemples d'amorces pour échanger avec un groupe de petits enfants :

- Pour les plus petits, on peut raconter l'album *Devine combien je t'aime*[56]. C'est l'heure d'aller dormir. Petit Lièvre Brun attrape les longues oreilles de Grand Lièvre Brun et ne les lâche plus. « Devine combien je t'aime ? », dit-il.

- Autre album : *Michka*[57]. Michka est un ours en peluche. Fatigué par le mauvais caractère de sa maîtresse, il décide de partir un soir dans la forêt. Il goûte la joie de la liberté et de vivre désormais comme tous les autres ours. Quand il rencontre le renne de Noël, il l'aide à faire sa distribution. Mais, en arrivant à la dernière maison, ils n'ont plus rien à donner. Alors Michka redevient peluche pour le plaisir d'un enfant malade. Cette histoire existe également en DVD[58]. ■

53. De Chris Colombus, Warner Bros, 2001.
54. De Tony Bancroft, Barry Cook, 1998.
55. De John Musker, Ron Cléments, Warner Bros, 1990.
56. Sam Mc Bratney et Anita Geram, *Devine combien je t'aime*, Paris, L'École des Loisirs, coll. Pastel, 1994.
57. Marie Colmont, *Michka*, ill. de F. Rojankovsky, Paris, Père Castor, Flammarion, 1993.
58. *Les histoires du Père Castor*, Citel Vidéo.

CONCLUSION

L'amour est toujours en tension, fragile, ambigu, paradoxal, mais aimer n'est pas hors de portée. Sans donner de réponse définitive à la question *Aimer jusqu'où ?*, nous avons tenté de nous laisser interpeller et travailler par la proposition chrétienne de croire en l'amour dans sa radicalité, au cœur de nos propres expériences d'hommes et de femmes d'aujourd'hui. Mais nos pas resteront sans doute toujours incertains quand il s'agira d'aimer car l'amour, heureusement, garde son mystère.

Nous avons bien conscience d'avoir invité notre lecteur à faire un voyage trop rapide au cœur de l'une des questions les plus fondamentales de notre humanité ainsi qu'une plongée trop rapide au cœur de la foi chrétienne. D'autant plus qu'en abordant une question qui concerne de si près notre existence, d'autres questionnements, non moins primordiaux, ont pu surgir. Tant mieux ! Car le premier but de ce livre est d'être l'occasion de rencontres, d'échanges, de partages, de conversations... Une belle manière de mettre en pratique la réflexion qu'il contient ! ■

Crédits photographiques

p. 8 : Couple avec enfant, © Martial Dassonville
p. 13 : Vieux couple, © Arielle Corbani
p. 14 : Chaîne, © Bérangère Léon-Chancerel
p. 17 : Couple, extrait d'une pièce de théâtre, « Le jour où la pluie viendra », Paris, © Ardouin/Tendance Floue
p. 20 : Groupe d'enfants, © Agnès Willaume
p. 21 : Campagne CCFD 2009, © OWEN Franken/Corbis, Réf : 51 54 608
p. 23 : Les bisous, chambre ECL, © Flore-Aël Surun/Tendance Floue
p. 28 : Le Christ au jardin des Oliviers, Émile Bernard, © AKG-images, © Adagp, Paris 2009
p. 30 : Journée nationale de la JOC, 2 mai 2009, Communion, © Carole Lozano
p. 32 : Croix, © Arielle Corbani
p. 33 : Cercle de silence, Lyon 2009, © Cercle de silence, Lyon
p. 34 : Tournée de nuit avec une équipe du Secours catholique auprès des SDF. Les bénévoles retrouvent un SDF qu'ils n'avaient pas vu depuis plus d'un an. Paris, décembre 2006, © Jéromine Derigny/Argos/Picture Tank
p. 37 : Journée nationale de la JOC, 2 mai 2009, Aimez, © Charlotte Goure
p. 39 : Jeunes en formation, © Besnard/Fondation d'Auteuil
p. 41 : Saint Vincent de Paul, © Droits réservés
p. 43 : Voyage européen de la paix, © Fils de la charité
p. 44 : Rassemblement diocésain, Parole en actes, 14 juin 2009, Messe, © Yves Mernier/Diocèse de Créteil
p. 47 : Manifestation du 1er mai 2009, © Charlotte Goure
p. 50 : Journée nationale de la JOC, 2 mai 2009, Fresque © Charlotte Goure
p. 51 : Rassemblement diocésain, Parole en actes, 14 juin 2009, Ballon © Yves Mernier/Diocèse de Créteil
p. 53 : Journée nationale de la JOC, 2 mai 2009, Foulards © Carole Lozano
p. 54 : Mariage, © Charlotte Goure
p. 58 : Noël dans une maison de retraite, © Fred de Noyelle/Godong
p. 60 : Main, © Arielle Corbani
p. 61 : Paysage marin, © Arielle Corbani
p. 62 : Rassemblement diocésain, Parole en actes, 14 juin 2009, Lâcher de ballons © Yves Mernier/Diocèse de Créteil
p. 67 : Au bord du Gange, © Émilie Jolinon
p. 70 : La vie est belle, © Archives du 7e Art – Photo12.com
p. 73 : Rassemblement diocésain, Parole en actes, 14 juin 2009, Pique-nique, © Yves Mernier/Diocèse de Créteil
p. 75 : Journée nationale de la JOC, 2 mai 2009, À deux mains, © Charlotte Goure
p. 79 : Paysage, © Arielle Corbani

Recherche iconographique :
Les Éditions de l'Atelier, avec la collaboration de Noémie Stephan

Conception graphique et mise en page :
Natacha Kotlarevsky

Achevé d'imprimer en septembre 2009
sur les presses de la SEPEC,
1 rue de Prony, 01960 Peronnas.
N° d'éditeur : 6032 – N° fab : 6209 – 00000
Dépôt légal : octobre 2009
Imprimé en France